Alles Liebe
Helli, Moni, Elli, Celine

Herzlichst für Angie u. Harry
von
Hans Kirchenhofer

Neukirchen, Sept. 2011

Hans Quehenberger,

geboren 1954 und aufgewachsen auf dem elterlichen Hof in Abtenau bei Salzburg (Österreich), genoss schon in der frühen Kindheit das Privileg einer sehr naturverbundenen Lebensart und vertrauensvollen Zugewandtheit, die ihm die Basis und den Nährboden für ein Leben in Aufgeschlossenheit und Aufmerksamkeit sowie vor allem in körperlicher Ertüchtigung schufen.

Seine hervorragende Kondition, ein starker Wille und seine spirituelle Grundhaltung ließen ihn fortan seinen Weg mit großer Vitalität, Entscheidungskraft und lebensbejahendem Engagement meistern.

Nach der Matura absolvierte er ein Sport- und Theologiestudium in Salzburg und ist seit 1980 als Pädagoge, Vertrauenslehrer und Mediator am BG/BRG Hallein tätig. In der Erwachsenenbildung begleitet er Menschen in Form von meditativen Wanderungen – im Winter auf Schneeschuhen, im Sommer zu Fuß.

Der Autor ist seit seiner Kindheit begeisterter Sportler und betreibt mit Vorliebe verschiedene Ausdauersportarten, davon speziell das Laufen intensiv seit mehr als vierzig Jahren.

Hans Quehenberger ist zweifacher Weltmeister in der Ausdauersportart Nordic Walking (Hill-Bewerb 2008 und 2009) und Vizeweltmeister im Crosslauf und Halbmarathon 2006 in der Altersklasse M50.
Er ist verheiratet und hat zwei Söhne.

INHALT

Winteridylle am Egelsee bei Abtenau

EINLEITUNG

Seit etwa zehn Jahren begleitet mich der intensive Wunsch meine Gedanken niederzuschreiben, die mir während der Bewegungszeiten in verschiedenen Ausdauersportarten durch den Kopf gehen.

Ich möchte beschreiben, was für das Leben aus meiner Sicht wesentlich ist. Im Zuge von langsamen Bewegungseinheiten in der Natur finde ich günstige Gelegenheiten, in aller Ruhe tief durchzuatmen. Die Bedingungen und Möglichkeiten sind hierfür in meiner heimatlichen Umgebung reichhaltig vorhanden. Die Zeit, in der ich meinen Gedanken freien Lauf lassen kann, genieße ich meistens in vollen Zügen. Wie neugeboren kehre ich von vielen Bewegungseinheiten zurück. Meinen Körper, der es mir ermöglicht, in dieser Weise in der Natur unterwegs zu sein, betrachte ich als wertvolles Geschenk und eine besondere Kostbarkeit.

Eine Vielzahl von Menschen betreibt weltweit Bewegung in Form von Ausdauersportarten. Allein in Österreich gibt es mehr als eine Million Menschen, die regelmäßig laufen. Dazu kommen Langläufer, Skibergsteiger, Nordic Walker, Schneeschuhwanderer, Radfahrer und viele andere.

Ungefähr 10.000 Mitbürger nehmen jedes Jahr irgendwo auf der Welt an einem Marathonlauf teil. Pilgerwege entstehen oder werden wiederentdeckt und das Wallfahren erlebt einen neuen Frühling. Die Menschen entdecken auf diese Weise ihren Körper und die Mitwelt neu. Diese Entwicklung beobachte ich mit großer Freude.

Hinter all diesen Aktivitäten steckt die Sehnsucht nach Gesundheit und Wohlbefinden des Körpers und des Geistes. Es ist die Suche nach einem glücklichen und erfolgreichen Leben.

Sanfte Ausdauersportarten haben nach meiner persönlichen Erfahrung einen phantastischen Wirkungsgrad und können auf dieser Entdeckungsreise hilfreich sein. Auf den jeweiligen Menschen abgestimmt, kann Bewegung in der Natur nachweislich einen Mehrwert an Lebensfreude und Lebensqualität mit sich bringen. Dabei kann der Wunsch in Erfüllung gehen, bis ins hohe Alter genuss- und leistungsfähig zu bleiben und Freude am Leben zu haben. Der Mensch kann sich über diese Form, die Lebenszeit zu nutzen, fit machen und fit bleiben für eine Gesellschaft, die immer mehr an Stabilität verliert, in welcher Ehen und Karrieren zerbrechen, in der Menschen am Leben scheitern, da die Anforderungen, die der Alltag an jeden einzelnen stellt, beinahe erdrückend werden. Wichtig ist, den Genuss zu maximieren und nicht den Verzicht. Erfolg, der mit Leichtigkeit und Freude erreicht wird, schmeckt doppelt süß. Anzustreben ist körperliches und seelisches Gleichgewicht. Ausdauersportarten können helfen, dieses zu finden und zu halten.

Menschen brauchen eine Distanz zum Alltag. Sie müssen Freiräume und Zwischenräume schaffen, damit sie wieder richtig tief und befreit durchatmen können und leistungsfähig bleiben. Es gilt, den persönlichen Handlungsspielraum dafür zu erweitern. Erst dann verändert sich die Sichtweise und so kann sich nachhaltig eine positive Veränderung ergeben. Durch langsame Bewegungseinheiten kann jemand in eine spirituelle und sogar mystische Dimension eintauchen. Das ist meiner Meinung nach der wohl größte Erfolg, der zu erreichen möglich ist. Meditative Wanderungen im Sommer und mit Schneeschuhen im Winter bieten sich als eine besonders wirkungsvolle Trainingsmöglichkeit an.

Bei diversen Trainingsläufen denke ich über meine Kindheit, über Erfolg, Glück, Freiheit und Dankbarkeit nach. Auch der Zeitbegriff, die Freude und das Vertrauen sind Gegenstand meiner Gedanken. Nicht nur die Zeit während meiner sportlichen Unternehmungen, sondern mein ganzes Dasein ist dabei zusätzlich geprägt von der Gewissheit, begleitet zu sein von einer unsichtbaren und letztlich nicht beschreibbaren Macht, die ich in meinen Ausführungen häufig als Urgrund des Seins bezeichne. Mein bewegungsorientiertes Tun und meine Gedanken während dieser Tätigkeit tragen wesentlich zu meiner großen Lebensfreude, zu einer tiefen inneren Zufriedenheit und zu meinem seelischen und körperlichen Wohlbefinden bei. Mein ganzes Sein als Mensch ist inzwischen beeinflusst und durchdrungen von den Erfahrungen, die ich vor allem beim Laufen, Nordic Walken, Schneeschuhwandern, Berglaufen, Skibergsteigen, Paragleiten und Radfahren sowie bei meditativen Wanderungen in einer Gruppe mit Gleichgesinnten mache und gemacht habe.

Jedes einzelne Kapitel dieses Buches bildet eine Einheit für sich. Eine Vernetzung der Abschnitte untereinander ist jedoch bewusst gegeben.

Das Wesentliche betrifft schließlich das ganze Menschsein. Körperliche und geistige Bewegung im Einklang mit der Natur kann in allen Lebensbereichen erfahrungsgemäß zu unerwarteten, sensationellen Erfolgen führen. Weltmeisterliche Leistungen sind als Resultat nicht ausgeschlossen und wirklich möglich.

Meiner Mutter, meiner Frau und meinen beiden Söhnen, die mir stets den notwendigen Freiraum für mein Hobby, mich viel in der Natur zu bewegen, zur Verfügung gestellt haben, widme ich dieses Buch in aufrichtiger Dankbarkeit. Es ist vor allem auch ein Geschenk an den Urgrund meines Seins, dem ich mein Leben und alles, was dazugehört, verdanke.

Einen großen Dank all jenen, die mich bei der Umsetzung meines Vorhabens begleitet haben, insbesondere Frau Dr. Angelika Höllhuber.

Winter in den Bergen

Kapitel 1:
EIN WERTVOLLER RUCKSACK

Ein strahlend schöner Wintertag lädt ein zu einer Skitour. Ich nutze die Möglichkeit, in der Nähe meiner Arbeitsstelle in Hallein eine nicht sehr anspruchsvolle, dafür aber umso schönere und lawinensichere Tour zu machen. Mein Ziel ist das nahe gelegene Rossfeld. Diese Strecke mag ich besonders gern, weil ich sie mit leichter, langlaufähnlicher Tourenausrüstung problemlos bewältigen kann. Viele Jahrzehnte bin ich nun schon mit meinen leichten Cross-Country-Skiern unterwegs. Auch das Abfahren mit den schmalen Latten bereitet mir keine Probleme, vielmehr habe ich großen Spaß daran. Diese Ski stellen für mich ein ausgezeichnetes, alternatives Trainingsgerät zum Laufen dar. Beim Aufstieg verwende ich schmale, den Skiern angepasste Felle. Die Strecke kann ich durchgehend, bis auf den letzten Steilhang vor dem Gipfel, im Langlaufschritt bewältigen.

Mit dem Auto fahre ich zunächst bis zum Parkplatz des Zinkenliftes. Dort angekommen, hole ich Ski, Stöcke und den kleinen Rucksack mit Wechselkleidung aus dem Kofferraum, schnalle die Ski an und starte. Der Schnee ist pulvrig, die Aufstiegsspur kompakt und meine körperliche Verfassung ausgezeichnet. Die Ski gleiten problemlos auf dem kalten Pulverschnee. Einer intensiven, genussvollen Tour steht so nichts im Wege. Vor einer Trainingseinheit bin ich jedes Mal gespannt, welche Gedanken mir durch den Kopf gehen werden.

Ich bin schnell unterwegs und staune über viele schöne Augenblicke, die mir an diesem strahlend schönen Wintertag begegnen. Mein Rucksack beinhaltet nur das Notwendigste für die Tour. Heute habe ich nur warme Überbekleidung, ein trockenes Leibchen als Ersatz für das am

Gipfel garantiert schweißnasse T-Shirt, warme Handschuhe und eine Haube in den Rucksack eingepackt. Mehr brauche ich nicht. Bei dieser kurzen Tour kann ich auch auf ein Getränk verzichten. Nur wenn ich mehr als zwei Stunden unterwegs bin, nehme ich auch eine Trinkflasche mit.
Dieser Rucksack ist heute Auslöser für Gedanken über meine frühe Kindheit. Er stellt für mich ein Symbol für einen Rucksack voller Liebe dar, den mir meine Eltern auf meinen Lebensweg mitgegeben haben.
Dafür bin ich ihnen unendlich dankbar. Vom Inhalt dieses Rucksackes zehre ich bis jetzt und bestimmt mein ganzes Leben lang und ich versuche, davon reichlich auszuteilen. Es ist das wertvollste Geschenk seitens meiner Eltern.

Meine frühe Kindheit lebt heute in meinen Gedanken auf. Es ist erwiesen, dass die Kindheitsgeschichte für den weiteren Lebensweg eines Menschen von großer Bedeutung ist.
Bald nach dem Beginn der Skitour beschäftigen sich meine Gedanken mit meiner im Jahr 2004 verstorbenen Mutter, die 92 erfüllte Lebensjahre auf dieser Welt verbrachte. In ihrer Nähe konnte man sich wohlfühlen. Viele Menschen, die sie gekannt haben, bezeugen dies heute noch. Sie war fest davon überzeugt, dass jedem Menschen eine bestimmte Aufgabe zugewiesen ist und dass ein tiefer Sinn in seinem Dasein liegt. Heute weiß ich, dass meine Mutter vieles von dem in mir ausgesät hat, was ich jetzt reichlich ernten kann. Ich denke an ihre Worte, die sie mir so oft in ihrem Leben gesagt hat, dass ich als wertvolles Werkzeug gebraucht werde und mit meinen Fähigkeiten einen positiven Beitrag für die Welt, in der ich lebe, leisten kann und soll. Diese Worte machten schon in meiner Kindheit großen Eindruck auf mich. Sie beeinflussten letztlich die Beantwortung der persönlichen Sinnfrage des Lebens entscheidend. Jetzt, bei dieser Tour, bin ich ihr plötzlich besonders nahe. Ein warmes Gefühl gegenüber meiner Mutter kehrt bei mir ein. Sie hat ein starkes Selbstbewusstsein und Selbstwertgefühl in mein Inneres gelegt.

Die Wissenschaft beweist, dass Kinder glücklich sind, wenn sie ein starkes Selbstwertgefühl entwickeln können.

Wenn sie spüren, dass ihr Leben sinnvoll ist, und wenn sie als Person geschätzt werden, dann können sie auch enge Beziehungen entwickeln.

Inzwischen sind schon etwa zwanzig Minuten vergangen. Das hohe Tempo genieße ich ebenso wie die Umgebung und die klare Winterluft. Ich fühle mich wohl. Mein Puls ist hoch und meine Atmung intensiv. Zum Schutz vor der kalten Luft habe ich ein Tuch locker um meinen Mund gebunden. Mein Körper ist nun auf Betriebstemperatur gekommen und ich verstaue die Jacke, die mich bis jetzt im Schatten vor der Kälte geschützt hat, im Rucksack.

Von meiner Arbeitsstelle, dem Halleiner Gymnasium, bin ich mit dem Auto zum Ausgangspunkt dieser Tour gefahren. Dort habe ich mit vielen Menschen zu tun, insbesondere mit Kindern. Kinder sind eine besondere Kostbarkeit. Ich will von ihnen und mit ihnen für das Leben lernen und darüber nachdenken, wie es gut gelingen kann. Meine Anwesenheit bei ihnen soll eine befreiende Wirkung haben. In meiner Nähe sollen sie frei und befreit durchatmen können. Ich merke, dass meine Wertschätzung für die Kinder und insgesamt für die Menschen etwas Erbauliches in sich birgt. Diese Wertschätzung habe ich schon in meiner Kindheit von meinen Eltern vermittelt bekommen. Viele Kinder kommen bestimmt auch in den Genuss eines solch wertvollen Rucksackes wie ich damals. Jenen, für die das nicht zutrifft, muss bei Bedarf geholfen werden. Diese Kinder sind genau so kostbar wie jene, die einen besseren Start ins Leben zu verzeichnen hatten. Als Lehrer gilt besonders diesen Kindern meine ganze Aufmerksamkeit und Hilfsbereitschaft.

Die Erziehungsmethode meiner Eltern beeindruckt mich in meinem Selbstverständnis als Pädagoge immer tiefer. Sie konnten mir nämlich überzeugend und glaubhaft vermitteln, dass ich wertvoll und liebenswert sei, dass es wichtig sei geboren zu sein, in erster Linie von Gott gewollt und geliebt zu sein. Wenn mir ein Fehler unterlaufen oder ein Missgeschick passiert war, haben sie nie mit einem Gott gedroht, der alles sieht und alle Fehler bestraft. Vielmehr haben sie mir stets versichert, dass Gott die Menschen liebt und ihnen dabei hilft, ein glückliches Leben zu führen und das Leid, das keinen Menschen verschont, bestmöglich zu bewältigen. Wer sich geliebt weiß, kann auch lieben.

Inzwischen habe ich einen Skihang überquert, durch ein flaches Waldstück komme ich im Laufschritt zügig voran. Manchmal blinzelt die Sonne durch die Bäume auf den Weg und lässt die Schneekristalle funkeln. Das ist ein herrlicher Anblick. Für meine Eltern war ich bestimmt so etwas Besonderes wie einer von diesen glitzernden Schneesternen, die ich gerade bestaune.

Meine Mutter hat mir oftmals von meiner komplizierten und schwierigen Geburt erzählt. Als sie mich entbunden hat, war sie schon über vierzig Jahre alt. Laut Aussage des Hausarztes, der als Geburtshelfer zugegen war, war meine Überlebenschance sehr gering. Die Mutter hat mein und ihr Schicksal schon damals, wie auch später, immer in Gottes Hand gelegt und sich bemüht, seinen Willen bedingungslos zu akzeptieren. Glücklicherweise hat trotz aller Schwierigkeiten und Komplikationen das Leben gesiegt. Meine Lebenszeit auf dieser Erde konnte beginnen. Sie begann mit einem Rucksack voll Liebe.

Ich hatte also gleich bei meinem Start ins Leben viel Glück und beste Voraussetzungen mitbekommen, denn ich war ein Wunschkind. Ich fühlte mich auch immer als ein Mensch, der auf die gute Seite des Lebens gefallen war, eben ein Hans im Glück. Meine Eltern betrachteten mich immer als besonderes Geschenk und so behandelten sie mich während meiner gesamten Kindheit und auch später. Die gleichen Voraussetzungen fanden auch meine Geschwister vor. Der Rucksack ist heute noch prall gefüllt mit Liebe und ich bin mir sicher, dass das mein Leben lang so bleiben wird. Ich mache die Erfahrung, dass ich selbst immer reicher werde, je mehr ich von dieser Liebe austeile. Dieses Schenken gewährleistet wahren Reichtum. Der Rucksack voll Liebe bildete also eine optimale Grundlage für den Aufbruch in ein Leben, das gelingen und glücken kann.

Wie mein Tourenrucksack heute, so ist jener Rucksack nicht schwer. Er verursacht auch auf Dauer weder Druckstellen noch Beschwerden und schnürt mir die Freude am Leben nicht ab. Vielmehr trägt er zu einem Leben in Fülle bei. Diesen Rucksack trage ich mit großer Freude wie einen besonders wertvollen Schatz durch mein Leben.

Eine große Weite tut sich vor mir auf. Ungetrübter Sonnenschein und tiefblauer Himmel umgeben mich. Vor mir erhebt sich der imposante Hohe Göll.

Eine Hütte unterhalb des letzten Anstieges zum Gipfel weckt Erinnerungen an Erzählungen meiner Mutter als Sennerin. Obwohl der Aktionsradius meiner Mutter sehr begrenzt war und sie nur ein kleines Stück von der Welt gesehen und erlebt hat, hatte sie ein besonders gutes Gespür dafür, worauf es wirklich im Leben ankommt.

Ganz gespannt und aufmerksam hörte ich ihr stets zu, was sie über ihre Erlebnisse auf der Alm, über Natur und Tiere, aber auch über die Stille und die Einsamkeit zu erzählen wusste. Ich merkte schon als Kind, mit wie wenig meine Mutter zufrieden und glücklich sein konnte. Durch sie bekam ich eine Vorahnung vom wahren Glück und innerer Freude.

Über ihre Erfahrungen und Empfindungen hat sie oft mit mir gesprochen, weil ich neugierig zugehört habe. Sie war ein herzensguter, frommer Mensch, mit einem faszinierenden Weitblick für die wesentlichen Dinge des Lebens.

Jetzt bin ich bei der steilsten Passage der Tour angekommen, muss etwas mehr Kraft einsetzen und die Schrittlänge verkürzen. Auch im Leben bedarf es oftmals eines intensiveren Krafteinsatzes und einer Reduzierung der Geschwindigkeit, um schwierige und steile Wegstücke zu meistern. Bei Bedarf wäre sogar eine Atempause zur Erholung möglich. Es ist wichtig, in den Körper hineinzuhorchen und seine Signale ernst zu nehmen. All meine Energiereserven lege ich noch in diesen letzten Anstieg. Ich überwinde ihn schnell und erhole mich rasch von dieser intensiven Anstrengung, weil ich bei guter Kondition bin. Diese wird niemandem geschenkt. Dafür muss man arbeiten und sich bewegen.

Ihre ganze Energie haben meine Eltern für die Familie eingesetzt. Der Lohn für die harte Arbeit in Haus und Hof war gering und dennoch hatten wir alles, um von einem glücklichen Leben sprechen zu können. Besonders meine Mutter hatte große Lebensfreude, Vertrauen zu sich selbst und zur Mitwelt und einen tragfähigen Glauben. Jeder Mensch war in unserem Bauernhaus und in ihrem Herzen willkommen. Mit dem Unfrieden kam sie nie gut zurecht und so suchte sie stets ehrliche Versöhnung und Frieden.

Nun bin ich bei dem markanten Gipfelkreuz angekommen und atme zunächst einige Male tief durch. Das tut mir gut und wirkt befreiend nach dieser intensiven Anstrengung. Ich genieße kurz die großartige Aussicht und lasse meinen Blick rundum schweifen. Jetzt nehme ich bewusst und ehrfurchtsvoll den Rucksack ab, der heute wesentlicher Impulsgeber für meine Gedanken ist. Ich wechsle das Leibchen, ziehe den Wärmeanzug für die Abfahrt an und setze eine trockene, warme Haube auf. Die Felle löse ich von den Skiern, und schnalle diese gleich wieder an. Kurz verweile ich noch beim Gipfelkreuz und spreche noch ein persönliches Dankgebet. Meine Eltern schließe ich in dieses Gebet ein. Dann nehme ich Fahrt auf und schwinge genussvoll mit meinen schmalen Latten den steilen Hang hinunter. Die Piste ist prächtig präpariert und zu dieser Zeit noch in makellosem Zustand. Ich staune über mich selbst, dass ich mit einer derartigen Skiausrüstung die Piste so gut bewältigen kann. Die Abfahrt ist ein Genuss. Nichts trübt mein Wohlbefinden. Ich singe, pfeife und jauchze. Zum Glück hört das niemand.

Meine Gedanken kehren noch einmal zu meiner Mutter zurück.
Sie liebte mich so sehr, dass ich auch Fehler machen durfte, deretwegen ich keine Angst vor Bestrafung zu haben brauchte. Das machte einen mächtigen Eindruck auf mich und ich war aus diesem Grund besonders motiviert, möglichst wenige Fehltritte zu machen, um meiner Mutter keinen Kummer und keine Sorgen zu bereiten. Ich wollte das in mich gesetzte Vertrauen nicht enttäuschen. Der Respekt, den ich meiner Mutter entgegenbrachte, war groß. Ging etwas schief, half sie mir, den entstandenen Schaden wieder gut zu machen und sie trug mir auch nie ein Missgeschick nach. Niemals nahm sie an, ich hätte mutwillig einen Fehler gemacht. Probleme versuchten wir gemeinsam und konstruktiv zu lösen. Das bewirkte Freude am Dasein, vermittelte Geborgenheit und ließ mich angstfrei leben. Diese Voraussetzungen ließen mich aktiv und kreativ werden. Meine Eltern trauten mir etwas zu und so lernte ich, mir selbst zu vertrauen. Mein Selbstbewusstsein wurde dadurch gestärkt. Angst vor einem Fehler brauchte ich nicht zu haben und folglich passierte auch nur sehr selten einer. Arbeit und Bewegung machten mir aus all diesen Gründen Spaß und Freude.
Ich durfte mir etwas zutrauen. Niemand forderte von mir eine besondere Leistung. Gerade deshalb wollte ich all meine Fähigkeiten entdecken und ausschöpfen. Vieles probierte ich aus und erbrachte unter solchen Voraussetzungen tatsächlich auch wirklich hervorragende Leistungen, sowohl in der Schule als auch bei der Arbeit am Bauernhof. So war ich schon als Kind erfolgreich. Versagensängste kamen unter solchen Bedingungen nicht auf. Von all diesen Grundlagen zehre ich noch heute und sie verhelfen mir zu einem erfolgreichen Leben.
Trotz bescheidener Mittel in meiner Kindheit hatte ich nie das Gefühl zu kurz zu kommen, mehr zu brauchen oder unzufrieden zu sein.

Diese Erfahrungen bestärken mich in meiner Gewissheit, dass das wahre Glück nicht vom Haben kommt, sondern dass es einzig in meinem Dasein liegt. Das Wertvollste und Wesentlichste konnte meine Mutter im Übermaß an mich austeilen, weil sie unerschöpflich viel davon besaß.

Glückliche Menschen sind frei von Gier, Neid, Hass und bösen Gedanken. Sie sind vor allem dankbar und brauchen nur wenig, um dauerhaft zufrieden und glücklich zu sein. Meine Mutter war so ein Mensch.

Glückliche Menschen haben ein weites Herz und viel Verständnis. Sie geben ihren Mitmenschen Raum, dass der eine so und der andere anders sein darf, sodass jeder auf dieser Basis die Freiheit für den eigenen Lebensrhythmus finden kann. Diese Menschen denken positiv und machen sich gegenseitig Mut. Sie sind voller Hoffnung, besonders auch in schwierigen Situationen des Lebens.

Sie sind erstaunlich frei von Ängsten und Begierden, voll innerer Freude und sie fühlen sich geborgen, weil sie vertrauen können. Sie stehen auf festem Grund, wie ein tief im Erdreich verwurzelter Baum. Solche Menschen sind niemals gefährlich, ihnen kann man stets vertrauen. In der Tat konnte sich jeder Mensch in der Umgebung meiner Mutter zu jeder Zeit wohl fühlen. In ihrer Nähe herrschte gute Luft. Mein Glück, das Wohlbefinden der Familie, das Glück aller Menschen und die Verbindung zum Urgrund des Seins lagen meiner Mutter am Herzen.

Meine Mutter hat mir die Augen dafür geöffnet, was es heißt, wertvoll und kostbar zu sein, noch vor jeglicher Leistung.

Mit ihrem Verhalten und mit ihrem Sein hat meine Mutter mir dieses Wohlwollen eindringlich mitgeteilt, gezeigt und auf den Lebensweg mitgegeben. Ich habe ihre Botschaft verstanden. Sie war klar und verständlich.

Solch eine Haltung gegenüber einem Kind hat ungeahnt positive Auswirkungen. Es ist eben dieser wertvolle Rucksack als Mitgift ins Leben. Das ist ein unbezahlbares Startkapital. Es verhilft zu mehr Lebensfreude und diese bringt wiederum Leistungswillen und Erfolg hervor.

Inzwischen bin ich nach einer problemlosen Skiabfahrt wieder an meinem

Ausgangspunkt angekommen. Ich verstaue meine Skiausrüstung und den Rucksack im Kofferraum. Diese kurze Tour hatte heute Sensationelles zu bieten. Sie war wie Balsam für Körper, Geist und Seele. Ich fahre zurück zu meiner Arbeitsstelle und freue mich schon wieder auf die Menschen, mit denen ich dort gemeinsam ein Stück des Lebensweges zurücklegen darf.

Bei der Rückfahrt denke ich noch über die Aufgaben von Eltern und Lehrern nach, die eine kurze Zeitspanne das Leben der Kinder und jungen Menschen begleiten. Es ist mir ein Anliegen, die eigenen, sehr positiven Kindheitserfahrungen als Pädagoge weiterzugeben. Als Lehrer muss ich mich fragen, wie ich Zugang zu den Schülerinnen und Schülern finde und wie ich sie motivieren kann. Eine weitere Frage ist, was ich dazu beitragen kann, dass meine Schüler Freude an der Schule insgesamt und speziell an meinem Unterricht finden.

Es stellt sich allgemein die Frage, wie eine Schule aussehen sollte, die Lust am Lernen fördert und Schülern wie Lehrern Freude macht. In der Schule geht es um Köpfe, Geist, Kreativität, Motivation und um ein kooperatives Miteinander. Sie soll eine lebendige und menschliche Bildungsstätte sein. Die Abläufe in der Schule erfordern natürlich auch ein Mindestmaß an Disziplin. Es geht um die Frage, wie der Nährboden aussehen soll, auf dem die Liebe zum Leben, die Motivation und die Lust am Lernen wachsen.

Meine Eltern hatten ein gutes Gespür für Motivation und sie hätten bestimmt ausgezeichnete Ideen gehabt, eine gute Schule zu realisieren.

Vieles von dem, was eine gute Schule braucht, haben sie mir in meiner Kindheit eröffnet. Sie haben mich zum Erwerb von Bildung motiviert und auch zur nötigen Disziplin und zum Fleiß. Sie hatten einen starken Willen zur Kooperation und verstanden es, eine Beziehung zu gestalten, die Lernen und Lehren in entspannter Atmosphäre möglich gemacht hat. In meiner eigenen Schulzeit machte ich dann mit manchen Lehrern schlechte Erfahrungen und erfuhr leider auch abstoßende, menschenverachtende Erziehungsmethoden, die mich beinahe zu Fall gebracht hätten. Der Großteil eines jeden Jahrgangs nimmt aus der Schule nichts von dem mit, was einen Menschen fit für das Leben macht. Selbstvertrauen und Motivation, fachliches Basiswissen sowie soziale und emotionale Kompetenz und die Herstellung einer Unterrichtssituation, die erfolgreiches Lehren und Lernen überhaupt erst ermöglicht, sind unverzichtbar. Konstruktive, das Lernen fördernde Beziehungen ebenso.

Ein Kind ist kein Aktenordner, sondern ein Lebewesen, dessen Erleben und Verhalten neurobiologischen Grundregeln unterworfen ist. Lebenslust, Motivation und die Bereitschaft, sich für ein Ziel anzustrengen, entstehen in einem Menschen nicht von selbst. Nichts kommt von allein. Eine wesentliche Motivationssäule ist die soziale Anerkennung und die persönliche Wertschätzung. Dort, wo sich Bezugspersonen für das einzelne Kind persönlich interessieren, kommt es in diesem zu einem Gefühl, dass ihm eine Bedeutung zukommt, dass das Leben einen Sinn hat und dass es sich deshalb lohnt, sich für Ziele anzustrengen.

Kinder und Jugendliche haben ein biologisch begründetes Bedürfnis, Bedeutung zu erlangen. Bleibt der Bedeutungshunger des Heranwachsenden ungestillt, werden entweder Angst und depressive Symptome entwickelt oder Körper und Geist suchen sich aggressive Ersatzreize. Diese können das Leben und die Motivation eines Menschen sehr leicht zerstören. Ausschluss und Erniedrigung sind potentielle Aggressionsauslöser. Die Gewaltbereitschaft steigt durch selbst erlebte Gewalt und fehlende persönliche Bindungen und fehlende „Bedeutung".

Schulen müssen weder Quelle noch Ursache für Aggressions- und Gewaltpotential sein, aber sie sind der Boden, auf dem es ausgelebt wird. Es ist wichtig, dass die Schule das Gefühl von Jugendlichen, ausgesondert zu sein, nicht noch weiter verstärkt. Der zunehmenden Beziehungs- und Bindungslosigkeit, in der Jugendliche heranwachsen, sollte durch mehr persönliche Zuwendung und Förderung massiv und wirksam entgegengetreten werden.

Ausstrahlung entwickeln und eine Vorbildfunktion erfüllen kann als Erwachsener nur, wer als Person vital auftritt, das Leben liebt. Ein solcher Mensch weiß, wie man Probleme löst und wie man sich für Ziele begeistern kann. Er tritt ein für Werte und Lebensstile, die er für richtig hält. Dabei muss er aber menschlich bleiben, darf keine Gewalt ausüben, andere nicht demütigen, soll eigene Schwächen nicht verleugnen und zu diesen stehen. Ehrlichkeit zu sich selbst und anderen gegenüber ist ein wichtiges Gebot. Eltern und Lehrer mit solchen Eigenschaften dürfen eine Menge menschlicher Fehler haben, denn viel wichtiger als die Perfektion ist, dass von ihnen etwas Einzigartiges ausgeht. Sie erzeugen im Kind oder Jugendlichen eine Resonanz.

Identitätslose Unangreifbarkeit auf Kosten persönlicher Eigenart ist der Totengräber jeglicher Bildung und Erziehung. Die Schule ist ein Ort, wo das Leben pulsieren soll.

Eltern und Lehrer sollen all das hegen und pflegen, was das Leben von Kindern und Jugendlichen fördert. Es sind dies Werte wie Begeisterungsfähigkeit, Pfiffigkeit, Hilfsbereitschaft, kritisches Denken, Fleiß, Durchhaltevermögen, Unbestechlichkeit, Konfliktbereitschaft, Fairness, Sportlichkeit und vor allem Humor.

Diese Gedanken gehen mir während der Fahrt zurück zur Schule durch den Kopf. Es gibt für mich eine Fülle von Gelegenheiten, sie im alltäglichen Leben und besonders in meinem Beruf als Lehrer umzusetzen.

Blick auf den Dachstein

Kapitel 2:
ERFOLG HAT VIELE GESICHTER

Während eines Trainingslaufes rund um den Einberg über die Turnau Alm denke ich über die vielen Gesichter nach, die der Erfolg haben kann. Dabei kommt mir gleich zu Beginn meine Kindheit und Jugendzeit in den Sinn, weil ich auf Wegen unterwegs bin, die mir seit damals vertraut sind. Meine Eltern plagten Geldsorgen. Dabei waren sie fleißig und sparsam. Der Ertrag aus der Landwirtschaft reichte lediglich für das Notwendigste. Unser Bauernhof warf gerade so viel Profit ab, dass wir Haus und Hof in Stand halten konnten. Wir ernährten uns großteils aus eigener, biologischer Landwirtschaft. Für eine gute Ernte mühten wir uns redlich ab. Das Geld wurde besonders dann zum Thema, wenn etwas Unvorhersehbares geschah oder etwas zu reparieren war. Materieller Reichtum oder sogar Luxus waren uns fremd. Der Erfolg zeigte sich trotzdem in verschiedenen anderen Gesichtern, auch in solchen, die nach außen hin nicht sichtbar sind. Erfolg bedeutet eben nicht nur Reichtum an materiellen Gütern und messbaren Ergebnissen. Wir Kinder erfreuten uns schon an alltäglichen, einfachen Dingen, die in unserem Umfeld in Haus und Hof vorhanden waren und gelangen. Der Erfolg bestand eben gerade darin, die unzähligen Kostbarkeiten und Schätze, die es gab, zu entdecken, wahrzunehmen und sich an ihnen zu erfreuen.

So wie schon damals in meiner Kindheit erlebe ich auch heute bei meinem Lauf die Natur als Quelle von Freude und Glück. Intensive Naturerlebnisse beeinflussen mich stets positiv. Sie regen meinen Geist an. Körperlich fühle ich mich heute ungewöhnlich müde. Die intensive Belastung am Wochenende beim Großglockner-Berglauf von Heiligenblut über die

Almböden auf die Franz-Josefs-Höhe steckt noch in meinem Körper. Bei diesem Lauf war ich sportlich sehr erfolgreich. Meine und die in mich gesetzten Erwartungen wurden erfüllt. Ich konnte mein vorhandenes Leistungspotential voll ausschöpfen.

So erachte ich es als vernünftig, meinen Körper beim heutigen Trainingslauf zu schonen und das Tempo dem körperlichen Zustand entsprechend zu wählen. Dass dieses Maßhalten auch wirklich gelingt, bedeutet für mich ein wesentliches Erfolgserlebnis. Besonders auf die Regeneration des Körpers ist nach einer enormen Belastung ein Hauptaugenmerk zu legen, sonst ist ein sportlicher Erfolg erfahrungsgemäß nur halb so viel wert.

Der Erfolg von gestern freut mich, er stärkt mein Selbstbewusstsein und macht mich glücklich. Ich komme gut voran und genieße die landschaftliche Schönheit. Der Blick auf die umliegenden Berge, die verschiedenen Blumen, die für mich am Wegrand blühen, die Bäume und Sträucher und die Tiere, denen ich begegne, machen den Lauf kurzweilig und so zu einem „Erfolgsrun". Meine Sinne nehmen während des Laufes unzählige Eindrücke auf. Kein Eindruck gleicht dem anderen. Jeden Augenblick, den ich bewusst wahrnehme, verbuche ich als kleinen Erfolg für mich.

Auf der heutigen Trainingsrunde bin ich ganz allein unterwegs, auch begegne ich keinem Menschen. Trotzdem bin ich nicht einsam. Ich fühle mich verbunden mit allem um mich herum. Manche Menschen halten diese Einsamkeit und Stille nicht aus und suchen daher den Lärm. Dort fühlen sie sich wohl. Schon Kinder setzen sich gern einer Dauerberieselung und einem Dauerlärm aus. In meiner Kindheit begegnete ich der Stille und Einsamkeit sehr oft. Ich empfand sie als wohltuend, wenn sie nicht übermäßig lange andauerte.

Es gab in meiner Kindheit insgesamt bestimmt viel weniger Störfaktoren als heute. Als ich zehn Jahre alt war, bekamen wir elektrischen Strom und erstmals ein Radio. Unser Leben wurde nun auch von den Medien beeinflusst. Aber auch ohne Medien, Maschinen und Elektrizität war das Leben nie eintönig oder gar langweilig gewesen. Ein Kind der Gegenwart kann sich solche Verhältnisse kaum vorstellen. Trotz vieler Entbehrungen hatte ich nie das Gefühl zu kurz zu kommen. Das Vorhandene reichte aus, um einen für die Gesellschaft sichtbaren, erfolgreichen Lebensweg beschreiten zu können. Körper und Geist konnten sich gut entfalten. Es hängt alles von der Einstellung und den Gedanken ab, die in uns sind. Meine Gedanken entscheiden letztendlich über Erfolg und Misserfolg, über Glück oder Unglück. Sie sind mächtig und üben den bedeutendsten Einfluss auf mein Menschsein aus.

Als Kind musste ich fast alle Wege zu Fuß zurücklegen. Das war aber eine ganz normale Sache. Die Entfernungen zum Krämer, zur Schule und besonders auf die Alm waren beträchtlich. Einzig am Sonntag fuhren wir mit dem Postbus nach Abtenau zum Gottesdienst und machten Besuche bei nahen Verwandten. Mein Vater holte sich auch die neuesten Informationen, die am Marktplatz nach dem Gottesdienst verlesen wurden, und kehrte zum Frühschoppen in ein Wirtshaus ein, um weitere Neuigkeiten zu erfahren und über verschiedene Belange zu diskutieren.

Schon in meiner Kindheit bedeutete es mir stets ein Vergnügen, mich laufend zu bewegen. Nach einer zu intensiven, sportlichen Betätigung steckte in meinen Beinen manchmal der Muskelkater, den ich mir so gut wie immer beim Bergablaufen holte. Im Sommer, wenn die Heuernte im Gang war, lief ich nach Unterrichtsschluss in der Volksschule so schnell wie nur möglich nach Hause, um bei der Heuernte zu helfen. Die Arbeit auf dem Bauernhof verrichtete ich mit großer Freude. Das registrierte besonders mein Vater mit Genugtuung, sollte ich doch auf seinen Wunsch hin einmal den Hof übernehmen und weiterführen. Meine Eltern verstanden es überaus gut, meine Schwester und mich für die Arbeit zu motivieren.

Für uns Kinder hatte jede Jahreszeit ihren besonderen Reiz. Auch der Winter bot ein breites Spektrum an Bewegungsmöglichkeiten im Freien. Von diesem Angebot machten wir auch rege Gebrauch. Das Skifahren lernte ich bereits in meiner frühen Kindheit auf Brettern, die mir mein Vater aus Eschenholz herstellte. Von einem Skilift, der mich ohne Anstrengung nach oben ziehen würde, hatte ich noch nie etwas gehört.

Das Pistentreten mit Schulfreunden und Nachbarskindern machte einen Riesenspaß. War die Piste fertig, dann waren wir natürlich stolz. Einen Teamerfolg empfanden wir als etwas ganz besonders Wertvolles. Anderntags konnte dieses Gemeinschaftswerk durch einen Schneesturm oder durch einen Warmwettereinbruch schnell wieder zerstört sein, worüber wir traurig waren. Dass die körperliche Betätigung eigentlich auch einen Erfolgsfaktor darstellte, bedachten wir natürlich in keiner Weise. In diese Richtung gingen unsere kindlichen Gedanken nicht.

Auch das Schlittenfahren, besonders auf hart gefrorenem Schnee oder auf dem abschüssigen Weg zum Hof, hatte seinen Reiz, genauso wie die Errichtung einer Schneeburg. Es gelang so vieles und wir Kinder hatten Spaß und Freude daran.

Inzwischen habe ich bei meinem Lauf das weitläufige Almgebiet der Turnau erreicht und laufe an den wohlbekannten Almhütten vorbei. Die Almböden ringsum sind bereits saftig grün und die Alpenrosen beginnen zu blühen.

Die Sehnsucht nach der Schneeschmelze und der wärmenden Frühlingssonne war nach einem langen, strengen Winter immer groß. Ich freute mich auf die Zeit, wenn die Felder wieder zu grünen begannen und das Jungvieh auf die Alm zu treiben war. Ob im Stall, auf dem Feld oder im Wald, überall gab es genug zu tun. Den Umgang mit den landwirtschaftlichen Geräten lernte ich schon als kleiner Bub. So konnte ich meinen Eltern bei jeder Arbeit behilflich sein. Ich war stolz darauf und verbuchte das als Erfolg für mich. Auch mit der Sense lernte ich sehr gut umgehen. Bereits in jungen Jahren machte ich Bekanntschaft mit diesem einfachen Mähgerät. Für meinen Vater bedeutete das eine große Hilfe. Ich half ihm gerne. Bei einem Mähwettbewerb der Landjugend konnte ich zur Überraschung aller Teilnehmer den ersten Platz erringen. Das war ein großer Prestigegewinn und Erfolg für mich, galten doch Schüler und Studenten als arbeitsscheue Erdenbürger. Heute würde ich diese Trainingsform zur Verbesserung der Kraftausdauer einsetzen.

Für uns Kinder war das Leben auf dem Land auf jeden Fall spannend. Langweilig wurde uns nie, Spielgeräte fanden wir in der Natur jede Menge vor. Wenn wir etwas Neues entdeckten, war das ein Erfolg für uns.

Die freie Natur genoss ich als großen Bewegungsraum und Spielplatz. Nicht nur im Kreise meiner Familie, sondern auch da fühlte ich mich daheim. Die Bewegungsmöglichkeiten waren vielseitig und abwechslungsreich. Unsere Tummelplätze waren die Wälder, Wiesen und Felder. Zudem war mir viel sportliches Talent in die Wiege gelegt worden, von dem ich schon als Kind rege Gebrauch machte. Erst später konnte es sich wirklich voll entfalten.

Bei meinem aktuellen Lauf habe ich momentan einen großartigen Blick auf den Dachstein, den Gosaukamm und die imposante Bischofsmütze. So oft habe ich diesen Ausblick schon genossen und immer wieder bin ich glücklich darüber. Würde ich diesen Blick noch hundertmal erleben, so wäre ich bestimmt noch hundertmal davon begeistert.

Der unsichtbar größte Erfolg aus meiner heutigen Sicht ist aber unbestritten der Umstand, dass ich schon sehr früh einen spirituellen Funken in mir entdecken und spüren konnte. Schon als Kind war etwas in mir, was man gewöhnlich als geistliche Berufung bezeichnet. Dieses Geschenk blieb vor allem meiner Mutter nicht verborgen und sie freute sich mit mir sehr darüber. In diesem Punkt konnte sich meine Mutter besonders gut in mich hineinversetzen.

Mein erster Religionslehrer in der Volksschule förderte diese Neigung unbewusst. Meine schulischen Leistungen waren tadellos. So ging ich auf eigenen Wunsch mit zehn Jahren nach Salzburg in ein Internat und auf das Gymnasium, nachdem mir mein Vater schweren Herzens dafür grünes Licht gegeben hatte. Ich hatte keine Ahnung, was alles auf mich zukommen würde. Wenn ich im Voraus gewusst hätte, wie groß das Heimweh sein oder mit welchen Erlebnissen ich konfrontiert würde, wäre ich diesen Schritt nie gegangen. Drei lange Jahre mit furchtbarem Heimweh hätten meinem Weg beinahe wieder eine andere Richtung gegeben. Irgendwie bin ich heute stolz darauf, dass ich alle Hindernisse überwunden habe und dass mein Leben eben gerade diesen Verlauf genommen hat. Sehr bald musste ich auf eigenen Beinen stehen, denn ich war auf mich allein gestellt. Meine Familie war weit weg von mir und ich durfte sie wirklich nur alle heiligen Zeiten sehen und mit ihnen zusammen sein. Einen einmal eingeschlagenen Weg leichtfertig zu verlassen, kam jedoch schon in meiner Kindheit und Jugendzeit nicht in Frage.

Mein ausgeprägtes Stehvermögen hat mir auch im Sport zu vielen Erfolgen verholfen. Jedes Rennen ist erst zu Ende, wenn die Ziellinie überschritten ist. Wer zu früh resigniert, wird kaum wirklich erfolgreich sein können. Jedenfalls habe ich diese schwierige Zeit meiner späten Kindheit und Jugend schlussendlich gut gemeistert. Den ursprünglichen Wunsch, Priester zu werden, habe ich später wohlüberlegt verworfen, die besondere geistliche Berufung ist jedoch nie aus meinem Inneren gewichen.

Meine sportlichen Fähigkeiten ließ ich nie verkümmern. Es ist für mich großartig, dass ich heute noch so leichtfüßig, mit viel Spaß und Freude unterwegs sein kann.

Mit 15 Jahren nahm ich erstmals an einem Laufwettbewerb teil und konnte auf Anhieb einen Spitzenplatz erringen. Mein Lauftalent blieb den Funktionären eines Leichtathletik-Vereins nicht verborgen und so kam ich in diesem Alter in den Genuss eines geregelten Lauftrainings. Mit meiner Leistungskurve ging es von da an steil bergauf. Sportliche Erfolge stellten sich ein und mit ihnen auch die Motivation zu intensiverem Training. Meine Spezialdisziplin war die Mittelstrecke zwischen 800 und 3.000 Metern auf der Stadion-Rundbahn. Die sportlichen Erfolge taten meinem Selbstwertgefühl gut, denn in der Schule war mir durch einen Lehrer viel von dieser Kostbarkeit zerstört worden. Zu keiner anderen Zeit in meinem Leben hatte ich derartige Zweifel an mir selbst wie damals. Es war eine Zeit des Umbruchs und der Suche nach meiner Identität. Diese konsequente Suche war erfolgreich. Die Schule forderte in diesem Lebensabschnitt sehr viel Energie von mir, sodass Trainingsumfang und Intensität nicht für internationale Spitzenleistungen ausreichten. Dass das nötige Talent vorhanden gewesen wäre, wurde mir immer wieder bestätigt. Wenn ich heute zurückschaue, bin ich froh über diese Entwicklung, denn dadurch habe ich mich körperlich nie über das gesunde Maß hinaus verausgabt. Das ist sicherlich mit ein Grund dafür, dass mir die Freude am Laufen und am Ausdauersport allgemein bis heute, vierzig Jahre danach, ohne nennenswerte körperliche Verschleißerscheinungen erhalten geblieben ist. Das ist ein wahrlich großer, langfristiger und besonders erfreulicher persönlicher Erfolg.

In meiner Jugendzeit trainierte ich in erster Linie, um ein sportliches Ziel zu erreichen und gute Zeiten zu erzielen. Die spirituelle Dimension im Zusammenhang mit Bewegung war mir damals noch weitgehend verborgen, doch sie schlummerte offensichtlich in mir. Dieser Schatz sollte erst ab dem Alter von 30 Jahren nach und nach so richtig entdeckt werden. In meiner Jugendzeit spürte ich bei einem Trainingslauf nie eine derartig tiefe Ergriffenheit wie beispielsweise beim heutigen Lauf rund um den Tabor.

Nach der Matura und auch während des Militärdienstes blieb ich dem Laufsport treu. Meine Freude an der Bewegung und auch die körperlichen Voraussetzungen dafür waren Auslöser für meine Entscheidung, Sport zu studieren. Auch die Gewissheit über meine geistliche Berufung verschwand nie aus meinem Inneren und meldete sich jetzt immer häufiger in mir. So war das Lehramtsstudium für Sport und Religion der logische Schritt in die berufliche Zukunft. Diesen Entschluss habe ich bis heute nicht bereut. Mit all meiner Energie und Lebensfreude bin ich gerne Begleiter von Kindern und Erwachsenen, sowohl im sportlichen als auch als Theologe im spirituellen Bereich. Mein Beruf bereitet mir viel Freude und erfüllt für mich einen Sinn, eben weil es meine Berufung ist. Den jeweils richtigen Weg zu finden, ist jedem Menschen zu wünschen. Es ist dies ein entscheidender Erfolg. Dabei ist es belanglos, ob jemand Landwirt, Müllarbeiter, Lehrer oder Arzt, Weltmeister oder ein Star ist. Dass ich Mensch bin, lebe und geliebt werde, ist der eigentliche Erfolg, auf den es ankommt.

Die spirituelle Weiterentwicklung führte mich im Lauf der Jahre besonders über das Laufen und andere Ausdauersportarten bis in die mystische Dimension hinein. Das ist wohl der größte Erfolg, den ein Mensch erreichen kann. Selbst zwei sportliche Weltmeister- und weitere zwei Vizeweltmeistertitel haben dagegen nur einen bescheidenen Stellenwert.
Das Zusammenspiel meiner körperlichen und geistigen Voraussetzungen machten diese Sporterfolge möglich. Sie stärken mein Selbstbewusstsein in einem hohen Ausmaß. Für solche Erfolge muss der Mensch allerdings sehr viel tun, damit sich etwas Großes tut. Das Motto: „Tu was, dann tut sich was", gefällt mir.

Der Schotterweg führt nun leicht bergab und entspannt laufe ich dahin. Von hier aus habe ich einen besonders schönen Ausblick auf den Platz, auf dem mein Elternhaus früher gestanden hat. Es musste inzwischen leider einem Neubau weichen. In meinen Gedanken ist das alte Haus jedoch noch immer gut aufgehoben und ich rufe mir jetzt vor Augen, wie es war, als ich dort als Kind ein- und ausgegangen bin und mit meiner Familie unter sehr bescheidenen Verhältnissen sehr glücklich gelebt habe.
Meine Dauerlaufeinheit neigt sich dem Ende zu. Heute ist es mir zu Beginn der Trainingseinheit nicht leicht gefallen, einen guten Rhythmus zu finden. Insgesamt war es ein erfolgreicher Lauf, von interessanten Gedanken begleitet. Die heutige Runde gehört zu meinen Lieblingsstrecken und ich freue mich schon jetzt auf das nächste Mal, wenn die Laufrunde um den Tabor wieder auf dem Programm steht.

Herbstliches Blätterdach

Kapitel 3:
GETEILTE FREUDE

Nordic Walking, eine noch junge, sanfte Sportart, die von Finnland ihren Ausgang genommen hat, hielt vor einigen Jahren auch in Österreich Einzug. Diese Sportart ist eine äußerst wertvolle Bewegungsform, die von der späten Kindheit an bis ins hohe Alter betrieben werden kann. Es ist unbedingt notwendig, die richtige Technik zu erlernen, um die Effektivität zu gewährleisten und so Schädigungen des Bewegungsapparates zu vermeiden. Auch meine Frau und ich haben diese sanfte Ausdauersportart schätzen gelernt. Sie eignet sich nämlich hervorragend, die Grundlagenausdauer zu verbessern und die Regenerationszeit nach einem Laufwettbewerb zu verkürzen. Bei dieser Art von Bewegung ist es nach eigener Erfahrung auch möglich, in einen beglückenden Flow-Zustand zu gelangen. Nordic Walking kann also für Körper und Geist viel Positives bewirken.

Bei niedriger Intensität kann man sich während einer Walking-Einheit auch problemlos mit einem Partner unterhalten. Nordic-Walken kann somit zu einer positiven Stimmung innerhalb einer Gruppe beitragen und sogar für das gute Gelingen einer Partnerschaft wertvolle Dienste leisten. Erbauliche Gespräche können sich in entspannter Atmosphäre und in ruhiger Umgebung entwickeln. Die vielen Sehenswürdigkeiten der Natur können gemeinsam entdeckt werden und geteilte Freude bedeutet erfahrungsgemäß doppelte Freude. Selbst die spirituelle Dimension des Daseins kann berührt werden.

Es sind über diese Bewegungsform viele positive äußere und innere Werte zu entdecken. Freude stellt sich ein und kommt in Fluss. Ein solches Wohlbefinden erleben Menschen auch häufig bei Wallfahrten, auf Pilgerwegen oder meditativen Wanderungen. Viele Teilnehmer sind dabei auch mit Nordic-Walking-Stöcken unterwegs.

Heute unternehme ich ausnahmsweise ganz allein eine Nordic-Walking-Tour. Bei dieser Wanderung denke ich über ein besonderes Ereignis der Freude nach, das meine Frau und ich anlässlich der ersten Nordic-Walking-Weltmeisterschaft 2008 erlebt haben.
Als Ehepaar erreichten wir ganz unerwartet den höchsten sportlichen Erfolg, der in dieser Sportart momentan zu erreichen ist.
Die Basis dafür, dass Nordic-Walken eine ernst zu nehmende Alternativsportart wurde, die wirklich Freude machen kann, wurde bei meiner Frau und mir im Verlauf einer Instruktorenausbildung gelegt. Wir wollten uns zunächst einfach das notwendige Rüstzeug besorgen, um die richtige Technik auch weitervermitteln zu können. Meine Frau und ich begeisterten uns rasch für diese Form von Bewegung und begannen, diese Sportart sehr intensiv zu betreiben. Viele Menschen haben wir inzwischen dafür begeistern und unsere eigene Freude daran weitergeben können.

Auch heute freue ich mich an dieser sportlichen Tätigkeit. Das Wetter spielt mit. Der Herbst beginnt bereits sein faszinierendes Farbenspiel in der Natur. Die Farbenpracht der Laubbäume erfreut mein Herz zusätzlich. Es ist föhnig und die Lufttemperatur angenehm zum Wandern. Ich wähle ein für meinen Körper schonendes Tempo und bin mit meinen Gedanken bei unserem denkwürdigen Nordic-Walking-Ereignis.
Menschen, die Begeisterung für eine Sache entwickeln, können Staunenswertes zuwege bringen. Ihr Tun verschafft ihnen ein Hochgefühl, sodass es keine Rolle mehr spielt, was andere über diese Tätigkeit denken. Wenn ein Mensch sich von der Freude durchdringen lässt, wird er gleichsam lauter Freude und es drängt ihn dazu, diese mit anderen zu teilen. Menschen mit echter Lebensfreude strahlen diese in unaufdringlicher, authentischer Weise aus. Geschenkt bekommt diese Errungenschaft niemand. Wenn jemand in diesen Zustand gelangen möchte, muss er etwas dafür tun.

Angebote zum Vergnügen und Glück gibt es hundertfach, weil damit ein gutes Geschäft zu machen ist. Alle Menschen wollen ein geglücktes Leben führen. Nicht viele Wege sind jedoch tauglich für innere Freude und dauerhaftes Glück.

Es ist wohl nicht schwer nachvollziehbar, dass eine Weltmeisterin oder ein Weltmeister im Augenblick ihres Triumphes zu den glücklichsten Menschen der Welt zählen. Das Glück und die Freude stehen ihnen förmlich ins Gesicht geschrieben.

Diese Art der Freude ist nach außen hin sichtbar, muss aber dennoch nicht Bestand haben. Sie kann oberflächlich und unbeständig sein. Wenn erfolgreiche Menschen die Freude nicht in ihrem Innern haben, nützt ihnen ein aktueller Erfolg nur kurzzeitig. Die äußere Freude über den Erfolg macht sich zumeist rasch aus dem Staub. Der alltägliche Trott löst sie bald wieder ab. Ein Mensch, der einen großen Erfolg feiert und noch dazu innere Lebensfreude besitzt, kann sich zu Recht glücklich schätzen.

Dieser Erfolg ist eine Zugabe zu dem weit größeren Erfolg, den er schon erreicht hat, nämlich nachhaltig mit innerer Freude zu leben. Ein bescheidener, zufriedener, unscheinbarer Mensch mit dieser inneren Lebensfreude kann dauerhaft glücklicher sein als einer mit einem großen, einmaligen Erfolg und der momentanen Freude darüber. Mit einer weltmeisterlichen Leistung allein, mag sie auch noch so spektakulär und sensationell sein, wird kein Mensch nachhaltig glücklich.

Manche Menschen arbeiten jahrelang auf ein hohes Ziel hin und erreichen es auch. Andere wollen auch erfolgreich sein, haben deswegen auf vieles verzichtet, jedoch das gesetzte Ziel nicht erreicht. Sie haben geglaubt, dieser Erfolg würde sie glücklich machen und ihnen nachhaltige Freude bringen. Sie sind frustriert, weil sie gescheitert sind und müssen sich schnell wieder auf die Suche nach einem neuen Vergnügen und neuen Erfolgen machen.

Das Trachten nach der inneren Freude soll ein vorrangiges Ziels in dem Erfolgsstreben eines Menschen sein. Im Besitz dieser Freude stellen sich dann sehr oft große, unerwartete Erfolge ein. Das Wissen darum ist etwas Wesentliches.

Inzwischen bin ich auf einer Forststraße zur Seitenalm unterwegs. Plötzlich fliegt ein großer Vogel unmittelbar neben mir aus einem Gebüsch.
Das Geräusch erschreckt mich und ich bleibe stehen. In freier Wildbahn habe ich noch nie vorher einen Auerhahn gesehen. Heute habe ich das Glück, erstmals ein prächtiges Exemplar dieses edlen Tieres zu Gesicht zu bekommen.
Ich erreiche die Seitenalm. Das Tennengebirge ist zum Greifen nahe. Der Föhn bewirkt eine ungewöhnlich klare Sicht.
Nun läuft die Vorgeschichte zum Erfolg bei der ersten Nordic-Walking-Weltmeisterschaft im Nordic-Hill-Bewerb in meinen Gedanken ab.
2007 entdeckte meine Frau in einem Sportmagazin die Ankündigung der ersten Nordic-Walking-Weltmeisterschaft in Südkärnten. Sie war sich sofort sicher, bei diesem Ereignis am Start sein zu wollen. Dabei rechnete sie sich allerdings nicht im Mindesten einen Erfolg aus. Sie wollte einfach bei Premiere dabei sein und weitere Erfahrungen in dieser neuen, wertvollen Sportart sammeln. Anfangs konnte ich dieser Idee nichts Positives abgewinnen und mich folglich auch nicht dafür motivieren. Ich war nämlich der Meinung, man sollte aus dieser sanften Sportart nicht gleich wieder eine Wettkampfsportart machen.
Diese Sportart ist ja eigentlich bestens dazu geeignet, den Stress und das Tempo aus dem Alltag herauszunehmen. Als Betreuer und Coach wollte ich meine Frau zunächst natürlich gerne nach Kärnten begleiten. Es kam die Zeit, in der die Anmeldung abzuschicken war. Während mancher Trainingseinheiten dachte ich dann über ein Für und Wider bezüglich einer Teilnahme nach. Mein Trainingszustand war außerordentlich gut und ich erbrachte, wie auch meine Frau, bei Straßen- und insbesondere bei Bergläufen ausgezeichnete Leistungen. Eines Tages entschloss ich mich dann doch, bei dieser ersten Nordic-Walking-Weltmeisterschaft ak-

tiv mitzumachen. Nun freuten wir uns beide auf das, was auf uns zukam. Wir machten uns aber absolut keinen Druck, denn wir hatten bereits eine erfolgreiche Berglaufsaison hinter uns.

Erfolge brauche ich nicht erzwingen. Ich lasse mich einfach überraschen, und wenn sie da sind, genieße ich sie. Es stellen sich überraschend viele Erfolge ein, nicht nur auf sportlicher Ebene. Angst vor einer Niederlage gibt es bei einer solchen Erwartungshaltung so gut wie keine. Die mentale Stärke, die aus der inneren Freude, der Zufriedenheit und der Geborgenheit im Urgrund des Seins kommt, ist eine Kraftquelle mit gewaltigem Potential. Diese Energie kann ich in einem Wettkampf oder anderen großen Anforderungen des Lebens ausgezeichnet in Leistung umsetzen. In manchen Situationen kann ich so geradezu über mich selbst hinauswachsen.

Die Seitenalm habe ich hinter mir gelassen und nun wandere ich weiter zur Rocheralm. Dort angekommen, nehme ich Platz vor der Hütte und genieße die angenehm warme Luft und den herrlichen Ausblick. Stille umgibt mich. Meine Gedanken kehren wieder zur Weltmeisterschaft zurück.

Das große Nordic-Walking-Ereignis fand für meine Frau und mich am zweiten Sonntag im September 2008 statt. Bereits am Vortag wurde der Cross-Country-Bewerb über 17 km ausgetragen. Meine Frau und ich waren als Zuschauer dabei und wir waren erstaunt über das hohe Tempo, das die Spitzenwalker vorlegten. In der Nacht vor dem großen Wettbewerb schlief ich gut und einige Zeit vor dem Start baute sich in mir eine starke Spannung auf. Das war notwendig, um mein Leistungspotential ausschöpfen zu können. Das Aufwärmprogramm bestritt ich gemeinsam mit meiner Frau.

Unmittelbar vor dem Start gaben wir uns noch alle guten Wünsche mit auf den gemeinsamen Weg, ahnungslos, welch großer Erfolg uns beiden heute noch gelingen sollte.

Auch der Weltmeister, der am Vortag den Cross-Country-Bewerb gewinnen konnte, war bei diesem Rennen am Start. Dieser Umstand beunruhigte mich in keiner Weise, sondern erfüllte mich vielmehr mit zusätzlicher Motivation. Bereits am Start war ich mir sicher, dass alles möglich war, wenn ich das Tempo der Spitzengruppe im flachen Gelände mithalten konnte. Ich wusste, genau wie meine Frau, um unsere Kletterqualitäten in steilen Passagen. Das war unser stärkster Trumpf und diesen wollten wir zum richtigen Zeitpunkt ausspielen. Steilstücke gab es auf dem Weg zum Ziel jede Menge.

Höchst motiviert und voll innerer Spannung auf das, was auf uns zukommen sollte, warteten wir auf den erlösenden Startschuss.

Vom Start weg ging es mit enormem Tempo los. Die Positionen waren nach den ersten zweihundert Metern bereits bezogen. Gut geschulte Streckenposten achteten auf die saubere Gangart der Wettkämpfer.

Beim Nordic-Walken muss stets ein Fuß Bodenkontakt haben. Wer läuft, wird zunächst verwarnt und muss im Zielbereich zusätzlich eine Strafrunde absolvieren. Bei wiederholter unsauberer Gangart wird der Athlet disqualifiziert. Auch die Stocktechnik muss dem Reglement entsprechen.

Es bildete sich gleich nach dem Start eine größere Gruppe, deren Tempo ich zunächst nur mit Mühe halten konnte. Nervös wurde ich deswegen nicht. Vielmehr war ich überrascht, dass es möglich war, mit Stöcken so schnell zu gehen. Es war das in dieser Form mein erster Wettkampf und ich musste mich erst an das hohe Tempo gewöhnen. Im Training war ich noch nie in einem derart rasanten Tempo unterwegs gewesen. Die Temperatur war niedrig, aber nicht kalt. Ich fühlte mich körperlich und mental ungewöhnlich stark. Die ersten drei Kilometer ging es auf einer Asphaltstraße dahin. Den richtigen Rhythmus hatte ich bald gefunden und ich konnte mich in der Spitzengruppe mit sauberer Nordic-Walking-Technik behaupten. Da verspürte ich plötzlich Lust auf mehr Tempo, verschärfte aber die Geschwindigkeit zunächst noch nicht und hielt mich noch bewusst zurück. Meinen Trumpf wollte ich jetzt noch nicht ausspielen. Eisern hielt ich mich an meine Taktik. Nun ging es zum ersten Mal in diesem Rennen etwas steiler bergauf und die Strecke führte auf einer Skipiste, dann auf einem Schotterweg bergwärts. Erst jetzt verschärfte ich erstmals das Tempo, um zu sehen, wie meine Konkurrenten darauf reagierten. Die Tempoverschärfung bewirkte, dass sich gleich ein Abstand von mehreren Metern zu den übrigen Athleten auftat. Spätestens jetzt glaubte ich fest daran, dass das mein Tag war. Das gab mir einen besonderen Energieschub und ich konnte das Tempo nochmals erhöhen. Ich blickte mich kurz um und stellte fest, dass niemand in der Lage war, dieses Tempo auf der nun sehr steilen Skipiste zu halten.

Grenzenlose Motivation und Freude durchströmten mich. In dieser euphorischen Situation dachte ich auch an meine Frau und ich wollte ihr gedanklich etwas von meiner Energie zukommen lassen. Auch meine Freude wollte ich schon jetzt mit ihr teilen. Ich wusste, dass auch ihr solche Bedingungen gut liegen. Nun wurde immer klarer, dass ich an diesem Tag eine besondere Sternstunde meines langjährigen Sportlerlebens, das nun schon mehr als vierzig Jahre dauert, erleben würde.

Jetzt war ich tatsächlich endgültig auf Weltmeisterkurs unterwegs. Mein Vorsprung betrug zwei Kilometer vor dem Ziel schon fast zwei Minuten. Ein Kamerateam begleitete mich mehrere hundert Meter entlang einer Schotterstraße. Ein Dokumentarfilm wurde über diese erste Nordic-Walking-Weltmeisterschaft angefertigt. Mit einer sehenswerten Dynamik, Lockerheit, Freude und einem enormen Tempo war ich unterwegs. Trotz der extremen körperlichen Anstrengung stand mir die Freude ins Gesicht geschrieben.

An den Bildern erfreue ich mich auch einige Jahre danach noch immer.

Auf den letzten Kilometern Richtung Ziel befand ich mich offensichtlich in einer Erlebnisform, die als „Flow-Zustand" oder „Runners High" bezeichnet wird. Ich war gänzlich im Fluss und fühlte der gegenwärtigen Aufgabe gewachsen zu sein. Ich spürte diese Herausforderung und meine Konzentration war uneingeschränkt auf diesen Erfolg hin ausgerichtet –

ich ließ mich durch nichts davon abbringen oder ablenken. Jegliche Sorgen des Alltags waren aus dem Bewusstsein entschwunden. Ich wusste nur, dass ich das Tempo nicht verlangsamen durfte.

Ein hartes Stück Arbeit lag zwar noch vor mir, aber ich verrichtete sie mit Freude. Ich war mir dessen bewusst, dass ich alles richtig machte und alles unter Kontrolle hatte. Alles ging mit einer spielerischen Leichtigkeit vonstatten. Die Zeit war wie im Flug vergangen und ich sehnte eigentlich das Ziel noch nicht herbei. Ich fühlte mich sehr wohl in diesem Zustand und er hätte noch länger andauern dürfen.

Es ist phänomenal, dass sich ein so großer Erfolg mit einer solchen Leichtigkeit einstellen kann.

Im Flow-Zustand konnte ich das hohe Tempo problemlos bis zum Schluss durchhalten. Es ist eine besondere Situation, an der Spitze des Starterfeldes das Tempo selbst bestimmen zu können, und das noch dazu bei einer Weltmeisterschaft. An jenem Tag war das der Fall. Von fern hörte ich bereits den Moderator. Er kündigte mein baldiges Erscheinen im Zielbereich an. Mein Vorsprung auf die Konkurrenten war auf über zweieinhalb Minuten angewachsen.

Ich begann mich auf den Augenblick zu freuen, an dem ich die Ziellinie als Weltmeister im Nordic-Hill-Bewerb überquerte. Nur noch wenige Meter waren es bis dorthin und zum bisher größten Erfolg in meiner sportlichen Laufbahn. Unter dem Applaus der Zuschauer überquerte ich die Ziellinie mit einem unbeschreiblichen Glücksgefühl. Ich konnte es zunächst gar nicht fassen, was sich hier zugetragen hatte.

Das Überqueren der Ziellinie bedeutete einerseits das Abschiednehmen vom Zustand eines Hochgefühls nach höchster körperlicher Anstrengung und andererseits das Eintauchen in ein Gefühl der überschwänglichen Freude und des höchsten Glücks angesichts des nun tatsächlich eingetretenen Erfolges und der Entspannung.

Ich befand mich in einem Wechselbad verschiedener Gefühle. Trotz höchster körperlicher Anstrengung waren die Strapazen an mir anscheinend ohne sichtbare Wirkung vorübergegangen. Das war eben mein Tag. Dankbarkeit überkam mich. Nun war ich Weltmeister in einer noch jungen Sportdisziplin, die mir offensichtlich auf den Leib geschneidert ist. Gespannt war ich dann natürlich auf das Abschneiden meiner Frau.

Mit großer Freude vernahm ich die Meldung, dass auch sie sich von den Verfolgerinnen absetzen konnte. Meine Frau absolvierte also ebenfalls ein bravouröses Rennen, erzielte mit respektablem Vorsprung die beste Zeit bei den Frauen und wurde ebenfalls Weltmeisterin. Unsere Freude war nun doppelt groß, weil wir diese einmalige Leistung als Ehepaar geschafft hatten. So ein Erfolg von Ehepartnern kommt nicht alle Tage vor. Das Sprichwort „geteilte Freude ist doppelte Freude" bewahrheitete sich an diesem Tag eindrucksvoll und wir genossen gemeinsam diesen erfolgreichen Tag der geteilten Freude.

Gemeinsam waren wir zu den höchsten Ehren gekommen, die in dieser Sportart momentan möglich sind. Das war eine erfreuliche Zugabe zu dem bisher Erreichten. Noch heute, einige Jahre danach, ist diese Freude in uns wirksam. Nur für wenige Menschen kann ein solcher sportlicher Traum in Erfüllung gehen. Bei mir und meiner Frau wurde er an diesem Sonntag im September Wirklichkeit.

Bei welcher Tätigkeit sich ein großer Erfolg einstellt, ist nicht von Bedeutung. Das Gefühl der Freude über einen außergewöhnlichen Erfolg wird wohl überall ähnlich sein. Tatsache ist, dass ein Erfolg auf hoher Ebene ein besonderes Erlebnis für den beteiligten Menschen darstellt. Allerhöchste Freude und ein ungeheures Glücksgefühl stellen sich ein. Viele Erfolge konnte ich in meinem Leben schon erringen und jedes Mal war die Freude groß, doch dieser Erfolg stellte alles, was bisher gewesen war, bei Weitem in den Schatten.

Dieser Erfolg und die Wiederholung des Kunststückes ein Jahr danach, auf derselben Strecke, haben sich auf unsere gemeinsame Beziehung nachhaltig positiv ausgewirkt. Dafür haben wir aber auch sehr fleißig gearbeitet.

Mit einer in dieser Intensität bis dahin noch nie erlebten gemeinsamen sportlichen Hochstimmung fuhren wir mit der Seilbahn zur Talstation und freuten uns auf die Siegerehrung.

Es war ein besonders ergreifender Moment, als die österreichische Bundeshymne für uns abgespielt wurde und wir die Medaillen überreicht bekamen. Die Leute erhoben sich von ihren Sitzplätzen und spendeten uns großen Applaus.

Unser Selbstbewusstsein hat durch diese Erfolge einen enormen Aufschwung erhalten. Es hat sich herausgestellt, dass sich eine konsequente Lebensführung und die Suche nach dem richtigen Maß lohnt und zum Erfolg führt. Es wäre ein Wunschtraum, wenn es in Zukunft immer mehr bewegungsfreudige Menschen geben würde, die Freude verinnerlichen können und diese innere Freude auch weitergeben. Das würde für jeden einzelnen Menschen, für Beziehungen, Familien, Betriebe, ja für die ganze Gesellschaft einen unschätzbaren Wert bedeuten. Meiner Frau und mir ist es ein ehrliches Bedürfnis unser Wissen, unsere Erfahrungen und unsere Begeisterung weiter zu geben.

Es ist durchaus legitim, dass wir Menschen die Dinge und Fähigkeiten, die uns zur Verfügung stehen, bestmöglich nutzen. Sie sind uns allerdings nur geliehen. Wir sollen sie nicht als unseren Besitz betrachten. Ich kann und will alles nutzen, was es in der Welt gibt, solange meine Lebenszeit währt, um Fortschritte zu machen in meinem Menschsein. Ich will immer weiter gehen, ohne mich an Dinge zu klammern. In dem Vertrauen und in der Gewissheit, dass ich begleitet und umsorgt bin, brauche ich mir eigentlich keine Gedanken zu machen, was die Zukunft bringen wird. Meine Lebensfreude sorgt dafür, dass ich meine Hände nicht in den Schoß lege und in Bewegung bleibe. All meine Fähigkeiten will ich in aufbauender Weise einsetzen. Ich will den Rest meiner Lebenszeit voller Optimismus und Lebensfreude verbringen, die Freude mit anderen teilen und weiter Fortschritte machen auf meinem persönlichen Weg zur inneren Freude.

Blick vom Gosaukamm auf den Vorderen Gosausee

Kapitel 4:
DIE ZEIT, EIN KOSTBARES GUT

Eine landschaftlich besonders reizvolle Laufstrecke habe ich vor Jahren am Fuße des Dachsteins entdeckt. Sie führt zunächst entlang des Gosaubaches und dann weiter zum Vorderen Gosausee. Auf einem breiten, gut befestigten Schotterweg gelangt man zum Hinteren Gosausee. Im Hochsommer nehme ich bei entsprechender Temperatur der Luft und des glasklaren Wassers darin manchmal ein erfrischendes Bad. Auf gleichem Weg geht es zurück und über den Kalvarienberg zum Ausgangspunkt.

Gleichzeitig mit der Ertüchtigung meines Körpers verwende ich die Trainingseinheit für Gedanken über das Phänomen Zeit. Ich wähle ein langsames Dauerlauftempo, verspüre keinen Zeitdruck und laufe befreit von jeglichem Zwang durch die bezaubernde Landschaft.

Die angenehme Temperatur erlaubt es mir, mit leichter, bequemer Laufbekleidung unterwegs zu sein. In gut drei Stunden bin ich voraussichtlich wieder am Ausgangspunkt zurück.

Als Gott die Zeit machte, hat er genug davon gemacht, heißt es in Irland. Sie kann gut und sinnvoll genutzt werden und sie steht jedem Menschen gratis mit ihrer ganzen Fülle zur Verfügung. Zeit ist ein großes und alltägliches Geheimnis, an dem alle Menschen und überhaupt der gesamte Kosmos teilhaben. Die Zeit verbindet alles mit allem.

Jeder Mensch hat ein gewisses Zeitkontingent zur Verfügung, innerhalb dessen sich das Leben abspielt. Das Zeitmaß ist für alle gleich. Wie lange die Lebenszeit währt, weiß niemand. Ich kenne weder den Tag noch die Stunde, wann sie zu Ende sein wird. Ich habe keine andere Zeit als die mir zur Verfügung stehende. Deshalb ist es mir ein Anliegen, das Leben in der

Gegenwart und im Augenblick möglichst oft und intensiv auszukosten. Die Zeit, die ich mit Bewegung in der Natur verbringe, empfinde ich als besonders wertvoll. Sie schätze ich als ein besonderes Geschenk.

Schon nach dem ersten Laufkilometer spüre ich, dass mir die heutige Bewegungseinheit viel Spaß bereiten wird. Ich fühle mich wohl.
Sehr bald habe ich einen angenehmen Laufrhythmus gefunden und ich genieße den sprichwörtlichen Rückenwind. Ich kenne auch den lästigen Gegenwind, der mir bei manchem Lauf entgegenbläst. Beide gehören zum Leben. Manchmal kann ich mich dem Gegenwind nicht sofort entziehen, aber ich weiß, er bläst zu einer gewissen Zeit auch wieder von der anderen Seite. In solchen Fällen ist Geduld gefragt.
Im Laufe der Jahre habe ich ein sehr gutes Zeit- und Tempogefühl entwickelt, sodass ich beim Laufen auf eine Stoppuhr oder ein Pulsmessgerät verzichten kann. Das empfinde ich als zusätzlich befreiend.
Es gibt verschiedenste Möglichkeiten, die Zeit zu verbringen. Die Auswahl ist unüberschaubar groß, die Entscheidung, was mir guttut, ist nicht leicht. Für die sinnvolle Nutzung meines Zeitkontingents bin ich immer selbst verantwortlich. Kein anderer soll mir diese Entscheidung abnehmen und ich will sie mir auch nicht abnehmen lassen.
Ein langsamer Dauerlauf bedeutet für mich stets Regeneration und aktive Erholung. Erlebniszeit und wirkliche Zeit fallen dabei ineinander.
Die Zeit, in der ich mich sportlich betätige, steigert meine Lebensfreude. In ihr kann ich tief durchatmen und auch aufatmen. Ich nutze gleichzeitig meine Fähigkeit, die Schönheit der Natur wahrzunehmen und in mir heilsam wirksam werden zu lassen. Daraus geht Wohlbefinden hervor. Sonne und Wind spüre ich während des Laufens intensiv auf der Haut und den Boden unter den Füßen, der mich trägt. Ich fühle mich intensiv mit der Natur verbunden. Meine Sinne sind hellwach für mich selbst und alles, was um mich herum existiert und geschieht. Unzählige Male habe ich schon erlebt, dass Bewegung in einem vernünftigen Maß eine wun-

derbare Oase für die Seele, den Geist und den Körper darstellt. Jede Zeit, die ich in Form von Bewegung in der Natur zu verbringe, ist ein Jungbrunnen. Wie alles im Leben seine Zeit hat, so haben auch Bewegung und Ruhe seine Zeit.

Im alttestamentlichen Buch des Predigers kann man nachlesen, dass es für jedes Geschehen unter dem Himmel eine bestimmte Zeit gibt: „[2] Eine Zeit zum Gebären und eine Zeit zum Sterben, eine Zeit zum Pflanzen und eine Zeit zum Abernten der Pflanzen, [3] eine Zeit zum Töten und eine Zeit zum Heilen, eine Zeit zum Niederreißen und eine Zeit zum Bauen, [4] eine Zeit zum Weinen und eine Zeit zum Lachen, eine Zeit für die Klage und eine Zeit für den Tanz; [5] eine Zeit zum Steinewerfen und eine Zeit zum Steinesammeln, eine Zeit zum Umarmen und eine Zeit die Umarmung zu lösen, [6] eine Zeit zum Suchen und eine Zeit zum Verlieren, eine Zeit zum Behalten und eine Zeit zum Wegwerfen, [7] eine Zeit zum Zerreißen und eine Zeit zum Zusammennähen, eine Zeit zum Schweigen und eine Zeit zum Reden, [8] eine Zeit zum Lieben und eine Zeit zum Hassen, eine Zeit für den Krieg und eine Zeit für den Frieden." (Bibel, Koh 3,1-8).
Die Zeit bringt Schönes und Gutes mit sich, aber auch Leidvolles und Böses. Das ist der Lauf der Dinge.

Langsamen Schrittes laufe ich entlang des Gosaubaches und genieße die saubere und frische Luft neben dem kristallklaren Wasser. Der Gosaukamm erhebt sich in seiner ganzen Majestät vor mir. Vor Jahrmillionen ist diese Landschaft entstanden. Die Lebenszeit eines Menschen ist im Vergleich dazu ein Wimpernschlag.
Gegenwärtig kann ich an diesem Ort das Wunderwerk der Natur bewusst bestaunen. In diesem Augenblick lebe ich wieder einmal ganz im Jetzt, nicht in der Vergangenheit und nicht in der Zukunft. Sooft es möglich ist, will ich im Alltag die Zeit so nutzen. Der Umgang mit der Zeit ist eine Kunst, die ich immer besser erlernen möchte. Ein vernünftiges Zeitmanagement ist im Leben sehr hilfreich. Meine Lebensqualität hängt näm-

lich maßgeblich davon ab, wie ich mein Zeitkontingent nutze. Ein Mensch kann sowohl unter Zeitdruck geraten als auch Langeweile empfinden. Weder das eine noch das andere Phänomen soll auf Dauer die Oberhand behalten.

Unsere Gesellschaft krankt daran, dass sie sich ständig nur beschleunigt und dass fast immer und überall eine Steigerung angestrebt wird. Es geht immer mehr darum, in möglichst wenig Zeit möglichst viel zu erledigen. Zudem werden heute räumliche und zeitliche Distanzen durch die immer einflussreicheren Kommunikationsmedien reduziert.

Mit der Lichtgeschwindigkeit der Signalübertragung wird die Grenze der Beschleunigung erreicht. Ohne nennenswerte Zeitverzögerung ist uns jeder Ort der Welt medial zugänglich. Räumliche wie zeitliche Unterschiede verlieren ihre Bedeutung im weltweiten Netz der Medien. Rund um die Uhr ist in der globalisierten Medienwelt etwas los. Das Wechselspiel von Arbeit und Ruhe ist am Verschwinden, das sozial sinnvolle Wochenende gibt es kaum noch. Das kommt einer Entwürdigung des Menschen gleich. Längst besteht eine Spannung zwischen der Welt der Medien einerseits und der kaum noch wahrgenommenen Natur andererseits.

Eine Verlangsamung des Tempos ist dabei nicht gefragt. Dieser Trend flößt mir Unbehagen ein. Viele Menschen sind von der rasanten Entwicklung überfordert. Sie erkranken, weil sie zu wenig Zeit für Ruhe und Entspannung finden. Die Energiereserven gehen zu Ende und für ein Auftanken der Batterien fehlt die Zeit. Das körperliche und seelische Gleichgewicht gerät aus den Fugen.

Nur wer die Kraft und den Mut aufbringt, sich diesem vorgegebenen Tempo zu widersetzen, kann den Anforderungen des Lebens auf Dauer entsprechen. Bewegungsausflüge in die Natur können auf Grund dieser Entwicklung wie Balsam auf die Menschenseele wirken. Während dieser Zeit und auch danach können Menschen befreit durchatmen und auftanken. Ihre Gedanken werden nicht durchkreuzt von schlechten Nachrichten und Hiobsbotschaften. Auf diese Weise ergibt sich die Chance, den

Weg freizumachen für positive Gedanken.

Bedeutsam ist, was der Mensch während seiner Lebenszeit tut und denkt und wie er die verfügbare Zeit nutzt. Ob er während seines Lebens glücklich oder unglücklich ist, bestimmt er maßgeblich selbst.

Während der gegenwärtigen Laufzeit bin ich ein besonders glücklicher Mensch. Es herrschen heute optimale Laufbedingungen und ich freue mich an jedem einzelnen Laufschritt. Bei diesem langsamen Lauf wird mir augenblicklich auch bewusst, dass ich mit jedem Schritt, jedem Augenblick und jeder Sekunde näher zum Urgrund meines Seins zurückkehre. Dieser Gedanke erfreut mich und nimmt mir die die Angst vor der Zukunft und die große Angst vor dem Ende meiner Lebenszeit. Ich vertraue darauf, dass sich meine Zeit bei meinem Tod nur verwandeln wird in eine Zeit, die ich mit Freude erwarten darf. Mehr brauche ich nicht zu denken und anzunehmen. Die Zusage dafür ist mir gegeben und ich nehme sie vertrauensvoll an. Diese Zeit wird sehr gut sein und Bestand haben. Als Christ darf ich ein Leben in Fülle und Vollkommenheit erwarten.

Einen Vorgeschmack auf diese Zeit kann immer wieder in verschiedenen Situationen und Ereignissen erleben.

Diese Sichtweise ist meine persönliche Glaubenssache. Niemandem will ich meine Gedanken aufdrängen. Es ist lediglich meine Feststellung und Erfahrung, dass solche Gedanken befreien und therapeutische Wirkung haben. Diese Wirkkraft könnte für alle Menschen Gültigkeit bekommen.

Inzwischen bin ich beim Vorderen Gosausee angekommen, bleibe kurz stehen und genieße erneut den Anblick des Dachsteinmassivs und des Gosaugletschers. Oft war ich schon hier, aber jedes Mal fasziniert mich dieses Schauen aufs Neue. Das Wasser des Sees ist so klar, dass ich bis auf den Grund sehen kann. Über mir erstreckt sich ein wolkenloser Himmel. In meinem Inneren bin ich frei und empfänglich für das Wesentliche. In diesem Moment stellt sich, wie so oft, Ergriffenheit über so viel Wunderbares ein. Diese Zeitspanne ist sehr kurz, aber ich erlebe sie besonders intensiv. Ich habe das Gefühl, ganz zu Hause zu sein, da, wo ich mich wirklich uneingeschränkt wohl fühle. Die Lust am Leben bekommt wertvolle Nahrung.

Solche Augenblicke erlebe ich nicht jeden Tag. Sie bringen besondere Freude und Licht in mein Leben. Freude durchströmt mich und ich bin dankbar für mein Dasein, die Umgebung und für die Zeit, in der ich das alles erlebe.

Besonders in der Langsamkeit und Beschaulichkeit kann die Zeit viele verborgene Schätze öffnen. Wer langsam läuft oder geht, dem öffnet sich die Welt und nicht immer ist der schnellste Weg der beste, denn schnelle Wege führen an vielem vorbei.

Jeder Mensch muss für sich selbst herausfinden, welches Tempo für ihn passt und Wohlbefinden nach sich zieht. Was ich als langsam empfinde, kann für jemand anderen viel zu schnell sein.

Ich bestimme selbst mein Tempo und akzeptiere gleichzeitig das Tempo der anderen Menschen.

Unsere beschleunigte Zeit koppelt Handlungen in vielfältiger Weise mit Geld. Damit stellt sich das Problem des Maßes. Im Gegensatz zur Natur kennt das Geld nämlich kein „genug". So gilt die Maßlosigkeit auch für die Zeit. Wer sagt, er habe Zeit, demgegenüber mutmaßt man, dass mit ihm nicht viel los sein kann, dass er nicht gefragt und nicht tüchtig sei. Sonst müsste er doch verplant, eingespannt und ausgebucht sein. So kommt es, dass in unserer Gesellschaft mehr Schnelligkeit, höhere Beschleunigung und steigende Zeitgewinne für fast alle Lebensbereiche gefordert werden.

Seitdem man Zeit mit Geld verrechnet, kann man auch Zeit „gewinnen", Zeit „verlieren", „sparen", „stehlen" oder auch „verschenken".

Menschen hetzen sich selbst und lassen sich hetzen. Sie haben wenig Zeit, leiden unter Termin- und Zeitdruck und stöhnen über das Zuviel. Die Stundenanzahl eines Tages reicht nicht aus, um alles unter Dach und Fach zu bringen. Für Erholung und Muße ist nicht mehr genug Zeit vorhanden. Wenn dieser Druck anhaltend da ist, kann er den Menschen krank machen. Er befindet sich in einer dauerhaften Stresssituation.

„Keine Zeit haben" ist zu einem Ausweis für unsere Wichtigkeit und Tüchtigkeit geworden.

Früher hatten Menschen von hoher gesellschaftlicher Stellung – wie Könige, Adelige, Fürsten oder hohe Beamte – die meiste Zeit. Zeithaben war damals ein Privileg, ein Nachweis für Reichtum, Besitz und Wohlhabenheit. Heute ist es umgekehrt: Wer auf der Stufenleiter der gesellschaftlichen Geltung an der Spitze angekommen ist, der hat die wenigste Zeit. Keine Zeit zu haben ist hingegen zu einem Prestigegewinn und zu einem Wertmaßstab für persönliche Selbsteinschätzung geworden.

Ich möchte umsteigen und nach Verlangsamung streben, weil ich merke, dass ich in einem Zug sitze, der in die falsche Richtung fährt. Der Wunsch nach Entschleunigung widerspricht allerdings dem Zeitgeist und es bedarf einer gehörigen Portion von Mut und Selbstbewusstsein, ihn zu vertreten und bei Bedarf das Tempo zu drosseln.

Zeiten, in denen ich laufe, bauen mich auf. Sie fördern mein Wohlbefinden ganzheitlich. Sie verschaffen mir beispielsweise einen Zeitraum, in dem ich über wichtige Punkte eines sinnerfüllten Lebens nachdenken kann. Schon oft habe ich als Reaktion auf diese Gedanken eine Kurskorrektur beschlossen und auch umgesetzt. Zeiten der Ruhe und Erholung brauche ich ebenso. Das gesunde Maß zwischen Arbeit und Muße will ich für mich herausfinden und umsetzen.

Ein sanfter Wind streicht über meine Haut und wirkt kühlend. Das Jetzt genieße ich zum wiederholten Mal in vollen Zügen. Unter solchen Umständen scheint die Zeit still zu stehen. Ich lebe in der Gegenwart und bin selbst lauter Freude, Frieden und Glück. Einfach schön, dass ich momentan, hier an diesem Ort, in einem außergewöhnlichen Glückszustand leben kann. Gegenwärtig ist also mein Leben ein außergewöhnliches Erlebnis. Solche Zeiten sind Sternstunden. Der Zeitgeist des Alltags wird mich bald wieder einholen. Auch das ist meine Erfahrung. Ich stelle mich dieser Tatsache und laufe ihr nicht davon. Ich möchte mich jedoch auf keinen Fall vom Zeitgeist versklaven lassen oder seine Marionette werden. Unter diesem Aspekt will ich meine umfangreiche sportliche Tätigkeit als heilsame Flucht bezeichnen.

Die Römer und Griechen haben als Grundlage für ein geglücktes Leben nicht in erster Linie die Ausübung von Tätigkeiten angesehen, sondern die Muße. Aristoteles misst den Wert der Arbeit daran, wie viel sie zur Lebensfreude und zur Lebensbejahung beitragen kann.

Das Leben ist nicht die Frucht der Arbeit, sondern es ist vor allem Geschenk.

Aus der Lebensfreude wächst auch die Freude etwas zu leisten und Erfolg zu haben. Über die Freude kommt der Erfolg. Die Zeit, in der ein Mensch etwas mit Freude tut, ist eine besonders wertvolle und kostbare Zeit. Ruhe und Muße lassen die inneren Kräfte des Menschen erstarken und erneuern seine Schaffenskraft. Sie bringen nachhaltigen Erfolg in Form von vermehrter Freude am Leben durch Wohlbefinden.

Ein Mensch, der gut abschalten und sich erholen kann, ist nachweislich weniger krankheitsanfällig, widerstandsfähiger und belastbarer. Solch belastbare, lebensfrohe, motivierte Menschen braucht die Gesellschaft in allen Bereichen.

Sie sind auch besonders leistungsfähig.

Verlangsamung bedeutet nicht, wie vielfach propagiert, Stillstand oder gar Rückschritt, sondern notwendigen Widerstand leisten gegen das diktierte Tempo, um die Energiespeicher des Körpers und des Geistes wieder aufzufüllen. Geschieht dies nicht oder übersieht man die Symptome einer sich anbahnenden Erschöpfung, ist vielfach ein „Ausbrennen" die logische Folge. Wer die zeitweilige Verlangsamung beherrscht, darf auch gern wieder mehrere Gänge zulegen, ohne Schaden zu nehmen.

Auf der anderen Seite schadet ein Wettbewerb, bei dem ich bis an die Grenze meiner Belastbarkeit gehe, bei entsprechender Vorbereitung und entsprechenden Voraussetzungen, nicht. Die Kunst der Langsamkeit und der Verlangsamung ist mit Hilfe des Ausdauersports allgemein sehr gut einzuüben und kann auch in jedem anderen Lebensbereich zur Anwendung gebracht werden. Trotzdem kann ich mich auf Höchstleistungen vorbereiten und diese zum gegebenen Zeitpunkt auch abrufen. Seit mehr als vierzig Jahren betreibe ich nun mit viel Freude und Motivation verschiedene Ausdauersportarten. Nur durch das Erlernen der Langsamkeit ist es mir möglich, auch im fortgeschrittenen Alter Spitzenleistungen zu erbringen. Meine körperlichen und geistigen Voraussetzungen sowie ein gutes Zeitmanagement ermöglichen mir im Großen und Ganzen ein erfolgreiches Leben ohne Kampf und Krampf. Positive Gedanken helfen mir entscheidend, mein Leben mit sinnerfüllter Zeit zu verbringen. Meine Zeit ist erfüllt von Lebensfreude. Diese Freude fliegt mir nicht zu. Sie muss erarbeitet werden und bedarf ständiger Pflege. Es gibt also genug zu tun und es lohnt sich Zeit dafür zu investieren.

In der Langsamkeit finde ich auch eher zum Wesentlichen, zu dem, worauf es wirklich ankommt. Das heißt in meinem Fall, dass ich mich immer fester an meinen Urgrund binde. Die bewusste Herstellung dieser Verbindung hat für mich den Charakter eines persönlichen Gebetes. Ein Lauf kann demnach manchmal zu einem einzigen Gebet werden. In diesem Fall ist Laufzeit nahezu identisch mit Gebetszeit.

Inzwischen bin ich wieder auf dem Rückweg zu meinem Ausgangspunkt. Freundliche Menschen begegnen mir unterwegs. Sie erfreuen sich während eines gemütlichen Spazierganges sichtlich an dieser herrlichen Umgebung. Ihr Gesichtsausdruck spricht Bände. Bewegungszeit kann eben glücklich machen.

Nun bin ich wieder allein und nach wie vor langsam unterwegs. Nur unter dieser Voraussetzung ist es mir möglich, dass ich buchstäblich in mich gehe, wie es ja viele Mystiker fordern. Dadurch werde ich leer für das einzig Wesentliche, nämlich die Verbindung mit meinem Urgrund.

Dieser Aufforderung der Mystiker nachzukommen, ist in unserer Zeit nicht einfach. Stark ist der Strom, in dem ich mitschwimme. Weil die Mehrheit der Menschen in diesem Strom mitschwimmt, habe auch ich vielfach das Gefühl, dieser Weg sei richtig. Die Masse gibt mir eine gewisse Sicherheit dafür. Mit eigenen Kräften wirklich gegen den Zeitgeist schwimmen zu können und den Blick auf das Wesentliche nicht zu verlieren, ist schwer.

Der wahre Wert der Verlangsamung ist äußerlich nicht sichtbar. Wirklich erfolgreich ist ein Mensch nur dann, wenn er sich dessen bewusst ist, dass sein Dasein einen Sinn ergibt, dass er kostbar ist und sich begleitet weiß. Alles andere kommt als Geschenk von selbst. Ein solcher Mensch braucht sich keine Sorgen um seine Zukunft zu machen.

In dem folgenden Gedicht wird aus der Sicht eines alternden Menschen beschrieben, was für eine geglückte Lebenszeit wesentlich sein könnte:
„Wenn ich mein Leben noch einmal leben könnte,
im nächsten Leben würde ich versuchen mehr Fehler zu machen.
Ich würde nicht so perfekt sein wollen, ich würde mich mehr entspannen.
Ich wäre ein bisschen verrückter, als ich gewesen bin,
ich würde viel weniger Dinge so ernst nehmen.
Ich würde nicht so gesund leben.
Ich würde mehr riskieren, würde mehr reisen,
Sonnenuntergänge betrachten,
mehr bergsteigen, mehr in Flüssen schwimmen.
Ich war einer dieser klugen Menschen, die jede Minute ihres Lebens fruchtbar verbrachten;
freilich hatte ich auch Momente der Freude,
aber wenn ich noch einmal anfangen könnte, würde ich versuchen,
nur mehr gute Augenblicke zu haben.
Falls du es noch nicht weißt, aus diesen besteht nämlich das Leben;

nur aus Augenblicken; vergiss nicht den jetzigen.

Wenn ich noch einmal leben könnte,

würde ich von Frühlingsbeginn an bis in den Spätherbst hinein barfuß gehen.

Und ich würde mehr mit Kindern spielen,

wenn ich das Leben noch vor mir hätte.

Aber sehen Sie....ich bin 85 Jahre alt und weiß, dass ich bald sterben werde." (Anonymus).

Der Sinn des Lebens besteht darin, aus dem, was mir zur Verfügung steht, das Beste zu machen. Es steht mir eine unüberschaubare Fülle zur Verfügung. Die Frage ist nur, was jeder einzelne Mensch unter „das Beste" versteht.

In Arbeit, Beziehung, Vergnügen und überhaupt im ganzen Leben, erhoffen sich viele Menschen den Himmel auf Erden. Sie suchen vielfach das schnelle Glück, das Vergnügen. Das beständige Glück bleibt ihnen jedoch verschlossen, weil sie nicht in der Lage sind, nach innen zu schauen. Sie heben nur kurz ihren Blick gen Himmel und suchen ihn leider außerhalb von sich selbst. Er liegt jedoch im Menschen. In mir selbst muss ich ihn suchen, nirgendwo sonst kann ich ihn finden.

Sommer am Egelsee bei Abtenau

Kapitel 5:
WOHLFÜHLPLÄTZE

Es gibt Orte, an denen man sich besonders gerne aufhält und an die man immer wieder gerne zurückkehrt. Sie bedeuten für den Menschen, der sich dort aufhält, ein Stück Heimat. An solchen Plätzen kann man sich wohlfühlen, der Aufenthalt dort ist erbaulich und befreiend. Beim Verweilen an diesen Orten verändert sich manchmal das Zeitgefühl.

An solchen Plätzen können sich Freude und Glück und jede Menge positiver Gedanken entwickeln und einstellen. Es sind wertvolle Plätze zum Durchatmen. Der Mensch in seiner Ganzheit wird berührt und er profitiert davon in wunderbarer Weise. Hier ist es auch möglich, dass jemand die Kunst des Daseins in der Gegenwart, im Augenblick, einübt.

Für jeden Menschen sind genug solcher Plätze vorhanden. Es gilt, diese zu entdecken. Eine Vielzahl davon konnte ich im Laufe meines Lebens schon aufspüren und viele warten bestimmt noch darauf, von mir entdeckt zu werden. Ich will mich auch selbst zunehmend als Wohlfühlplatz entdecken und als solcher für die Mitwelt wirksam sein. Menschen, die sich in ihrer Haut wohl fühlen, sind glückliche und zufriedene Menschen. Sie genießen und spüren ein inneres Wohlbefinden. Dieses hat in der Folge auch positive Auswirkungen auf die Mitwelt.

Ein Mensch, der zusätzlich noch im Bewusstsein lebt, dass ihn der Urgrund seines Seins bewohnt, fühlt sich rundum dauerhaft geborgen und beheimatet. Einen besseren Ort gibt es nicht. Für Menschen, die ihre Sinne öffnen, gibt es erfahrungsgemäß eine ganze Fülle von guten Plätzen schon in der nahen Umgebung zu entdecken. Es ist also nicht nötig, dafür eine Weltreise zu organisieren. Wohlfühlplätze sind Kraft- und Energieplätze. An ihnen können sich wunderbare Dinge ereignen. Demnach kann ein Mensch, der sich selbst als angenehm erlebt und seine Mitte gefunden hat, zu wunderbaren Taten fähig werden. Er ist in der Lage therapeutisch und segensreich zu wirken.

In der Nähe des Wohnhauses meiner Familie liegt ein kleiner See in bezaubernd schöner Landschaft. Es ist ein ökologisches Juwel. Dieses kleine Naturparadies bietet zusätzlich einen herrlichen Ausblick auf einen mächtigen Gebirgsstock, das Tennengebirge, und die anderen Berge rund um das Abtenauer Becken. Zu jeder Jahreszeit hat dieser Ort seinen besonderen Reiz. Für viele Menschen, die Ruhe und Entspannung suchen, ist dies ein Platz zum Verweilen, Entspannen, Durchatmen und Auftanken. Ein Wanderweg führt in unmittelbarer Nähe entlang des Sees, der von einem dichten Schilfgürtel umgeben ist. Vor allem an Wochenenden und bei gutem Wetter wird dieser Pfad von Gästen und Einheimischen stark in Anspruch genommen. Spaziergänger, Läufer und Nordic-Walker nutzen ihn das ganze Jahr über. Im Winter führen hier eine Langlaufloipe, ein Winterwanderweg und ein Pferdeschlittenweg vorbei. Besonders reizvoll erweisen sich Schneeschuhwanderungen in dieser schönen Gegend. Im Winter, wenn der See eine tragfähige Eisschicht hat, kann ich sogar darauf ausgezeichnet langlaufen. Im Sommer suche ich diesen Platz manchmal während eines Laufes auf, verweile dort für einige Zeit und denke über verschiedene Fragen des Lebens nach. Ich bin auf der Suche nach meiner Mitte. Ich meditiere. Die Zeit, die ich hier verbringe, ist immer fruchtbringend. Zwei mächtige Ahornbäume am Ufer spenden an heißen Sommertagen kühlenden Schatten, das warme Wasser des Moorsees lädt zu einem Bad ein. Dieser Einladung folge ich gerne. Dabei bin stets in guter Gesellschaft von Ringelnattern, Fröschen, Fischen, Vögeln und allerlei sonstigem Getier. Ich fühle mich wohl hier.

Heute, an einem strahlend schönen Sommertag, komme ich im Verlauf eines regencrativen Dauerlaufes an diesem Platz vorbei und es drängt mich, dem Moorsee einen kurzen Besuch abzustatten.

Schon vor Jahren habe ich mich von der ständigen Hast während eines Laufes verabschiedet. Nur so konnte ich für wesentliche Gedanken über das Leben Raum schaffen. Mein Leistungsvermögen hat aber trotzdem oder gerade deswegen keine Einbuße zu verzeichnen. Das ist eine sehr wertvolle Erkenntnis für mich. Als ich am Egelsee ankomme, empfängt und umgibt mich eine wohltuende Atmosphäre. Mein Puls hat sich schnell verlangsamt und ich genieße die Stille, den Frieden und die Ruhe um mich herum. Nur die Vögel zwitschern und die Frösche quaken. Ich setze mich auf eine Bank und genieße das Jetzt, den Augenblick. Ich atme tief durch. Vor Jahrzehnten wäre ich nicht in der Lage gewesen, einen Lauf zu spirituellen und meditativen Zwecken zu nutzen und eine Pause einzulegen.

Mit seinem Dasein hinterlässt jeder Mensch unauslöschliche Spuren.

Deshalb ist es nicht gleichgültig, was ein Mensch denkt und tut. Gedanken spielen in jedem Menschenleben eine entscheidende und mächtige Rolle. Was der Mensch denkt, das ist er. Das Denken hat Auswirkungen auf das Tun und die Mitwelt.

Alles, was ein Mensch tut, findet zunächst in seinem Geist statt. Nichts kann hergestellt, konstruiert oder geschaffen werden, ohne zunächst ein Gedankenbild gewesen zu sein. Die Gedanken besitzen also Macht. Entscheidend ist, wie viel Raum ich positiven, aufbauenden oder die negativen, zerstörerischen Gedanken zugestehe. Gedanken brauchen Freiraum, Stille und vor allem Entschleunigung. Träume und Wünsche brauchen Zeit, um verwirklicht zu werden. Ruhe an Plätzen wie diesem hier, in Kombination mit Bewegung, bietet beste Voraussetzungen für positive Gedanken und spirituelles Tun.

Ein Platz wie dieser lädt zum Meditieren und auch zum Träumen ein. Hier und jetzt habe ich die Chance, positiv zu denken. Diese Art von Gedanken verhilft mir besonders bei Wettkämpfen oder anderen hohen

Anforderungen, die das Leben an mich stellt, zum Erfolg

Vor einem Wettkampf ist es üblich, dass die Teilnehmer die Startlisten durchstudieren. Manche erschrecken darüber, dass dieser oder jener Konkurrent auch am Start ist. Anders herum gedacht, könnte sich jeder auch über die Anwesenheit seiner schärfsten Konkurrenten freuen, denn er hat die Möglichkeit, seine Kräfte mit ihnen zu messen. Das ist meine Art zu denken. Die Freude und die positiven Gedanken setzen folglich enorme Kräfte frei. Negative Gedanken lähmen und mindern hingegen die Leistung. Sie erzeugen Angst und wirken zerstörerisch. Die mentale Fitness kommt abhanden. So habe ich viele Wettkämpfe nur durch meine mentale Stärke sowohl in der Vorbereitungsphase auf einen Wettkampf als auch im Wettbewerb selbst und schlussendlich im Endspurt eines Rennens zu meinen Gunsten entschieden. Wenn Sekunden für Sieg oder Niederlage ausschlaggebend waren, war ich so gut wie immer um eine Nasenlänge voraus.

Gegenwärtig, an diesem Ort und in diesem Augenblick, habe ich die Chance, glücklich zu sein und mich des Lebens zu freuen. Ich kann jeden Ort zu dem machen, was er für mich sein soll. Meine Gedanken bestimmen das.

Hier, an diesem guten Platz wird mir wieder bewusst, dass es für den Erfolg genügt, einfach Mensch zu sein. Ich darf zufrieden sein mit mir selbst. Ich bin mir bewusst, dass ich das Wertvollste bereits besitze, nämlich das Leben. Diese Einstellung und die Freude darüber haben zur Folge, dass ich aus dem Leben etwas machen will. Ich habe Spaß daran und es ist mir ein Bedürfnis, meine Talente zur Entfaltung zu bringen.

Gedanken sind schöpferisch. Daher ist es klug, sie mit Bedacht zu wählen. An den Werken ist erkennbar, welche Gedanken sich dahinter verbergen. Jeder Gedanke bringt eine Frucht hervor. Die Gedanken formen meinen Charakter und dieser beeinflusst nachhaltig mein Leben und das Leben der Mitwelt. Gedanken sind auch sehr stark beeinflusst von Botschaften der Mitwelt. Dieser kann ich mich leider nicht oder nur sehr schwer entziehen. Ich muss für mich selbst entscheiden, worauf ich höre, wem ich vertraue, wer mir etwas zu sagen hat, oder von wem ich mich beeinflussen lasse.

Heute, hier an diesem Ort, bin ich unbeeinflusst von Menschen und Medien, dafür aber umgibt mich eine einzigartige Atmosphäre. Ich bin ganz allein hier, an einem Ort des Friedens und der Ruhe. Hier erlebe ich ein kleines Stück Himmel oder Paradies.

Ich sitze hier, auf dieser Bank, als Ergebnis meiner Prägungen, Erfahrungen und Denkweisen. Ich bin so, wie ich mich selbst, wie meine Mitwelt und mein Urgrund mich geformt haben.

Ich erhebe mich und will meinen Lauf wieder fortsetzen. Etwa fünf Minuten habe ich hier verbracht. Ich verabschiede mich von diesem besonderen Ort, an den ich bald wieder zurückkommen will. Nach dem Aufenthalt an diesem Wohlfühlplatz bedarf es wieder einer kurzen Anlaufphase, um in einen angenehmen Laufrhythmus zurückzufinden.

Mit großer Freude und Motivation bin ich bei der Sache. Mein weiterer Weg führt an einem Brunnen vorbei. Dieser zieht meine Aufmerksamkeit in seinen Bann. Der Brunnen spendet klares Quellwasser und ist ebenfalls ein kostbarer Platz. Er lädt mich zum Trinken ein. Das Wasser, das er spendet, ist sehr frisch und ich lasse jeden Schluck zuerst eine Weile in meinem Mund zur Erwärmung. Jetzt drehe ich den Wasserhahn zu. Das Wasser tropft noch nach. Da kommt mir eine Metapher in den Sinn: Wenn man in ein Glas, das mit schmutzigem Wasser gefüllt ist, stetig klares Wasser hineintropfen lässt, dann kommt irgendwann der Moment, in dem sich nur noch klares Wasser im Glas befindet.

Genauso können gute Gedanken irgendwann die schlechten Gedanken verdrängen.

Wir bekommen im Leben nicht, was wir wollen, sondern worauf wir uns laufend konzentrieren und was wir ständig an uns heranlassen und pflegen. Wenn ich Sorgen habe und traurig bin, dann ist ein Lauf eine gute Gelegenheit, mit meinem Kummer aufzuräumen und der Lebensfreude wieder auf die Beine zu helfen. Ich will mein Gemüt nicht dem Kummer überlassen und mich nicht von meinen Sorgen zu Fall bringen lassen. Manchmal, wenn mich niemand hört, schreie ich mich auch frei.

Inzwischen laufe ich einen Bach entlang, dessen klares Quellwasser dem Tennengebirge entspringt. Im Wald ist es schattig und frisch. Es ist ein Genuss, hier zu laufen, denn die Lufttemperatur klettert an diesem herrlichen Sommertag rasch in die Höhe. An diesem Platz herrschen ganz andere Verhältnisse als vorhin am Egelsee, aber auch diese Umgebung hat ihren besonderen Reiz. Es kommt grundsätzlich auf die innere Einstellung und Denkweise an, ob jemand an einem bestimmten Ort zufrieden und glücklich ist und die Kostbarkeiten sieht und annimmt, die dieser Platz zu bieten hat, oder ob jemand dafür blind geworden ist.

Ich stelle fest, dass es inzwischen immer weniger Zeitspannen in meinem Leben gibt, in denen das Gefühl von innerer Freude und Geborgenheit im Urgrund des Seins in den Hintergrund gedrängt wird. Negative Gedanken, Sorgen und vermeintliche Misserfolge können das nur mehr kurzfristig schaffen.

William James, der Vater der amerikanischen Psychologie, sagte einmal: „Die größte Entdeckung meiner Generation ist es, dass der Mensch sein Leben ändern kann, indem er seine Geisteshaltung ändert." (James, zit. in Murphy 2008, S. 58). Das ist in der Tat eine interessante und beruhigende Zukunftsperspektive. Meine Geisteshaltung will ich immer wieder neu überdenken und bei Bedarf mutig und selbstbewusst eine Kurskorrektur vornehmen.

Das Denken ist deshalb so wichtig, weil es die einzige unsichtbare Kraft ist, die uns wirklich bewusst ist und die wir selbst beeinflussen können. Damit wir sie gezielt steuern können, müssen wir uns immer wieder ein entsprechendes Umfeld schaffen. Plätze, an denen man sich wohl fühlt, bieten diesbezüglich wertvolle Dienste.

Die Kraft der Sonne hat die Luft erwärmt. Mein Weg führt bergauf und erste Schweißperlen gleiten über mein Gesicht. Sie sind Ausdruck meiner Bewegungsfreude und der Energie, die in mir steckt. Ich lasse mich begleiten von Gedanken, die lebensbejahend sind, die aufbauen und gesund machen. Wohlfühlplätze sind mir dabei hilfreich.

Mein Leben ist gegenwärtig das, wozu es meine Gedanken bisher machten.

Gute, positive Gedanken sind vergleichbar mit der Sonne, die den Nebel auflöst, und deren Licht, das die Dunkelheit vertreibt. Heute, hier und jetzt, sehe ich nicht nur mit den Augen sehr klar, sondern das Wesentliche auch mit dem Herzen.

Der Platz in mir ist reserviert für Erbauliches. Negativität ist wie lähmendes Gift. Jeden negativen Eindruck oder Gedanken möchte ich durch einen positiven, konstruktiven Gedanken ersetzen. Negative Gedanken haben keine Macht über mich, wenn ich mich weigere, sie zu akzeptieren.

Nun habe ich schon eine beachtliche Strecke zurückgelegt, will aber noch einen weiteren Lieblingsplatz aufsuchen. Es ist ein kleiner Wasserfall am Fuße des Tennengebirges. Bei der großen Schneeschmelze im Frühjahr wächst er zu einem imposanten Naturschauspiel an. Gerne komme ich an diesen Ort und halte mich dort auf. Die Begegnung mit dem lebensnotwendigen Element Wasser fördert wiederum den Fluss guter Gedanken. Wasser ist Leben und Wasser lehrt das rechte Leben.

Wie das gezähmte Wasser lebenswichtig und heilsam ist, so kann die Kraft des positiven Denkens insgesamt heilsame Veränderungen hervorrufen und die Zukunft entscheidend beeinflussen. Es ist bemerkenswert, dass mich heute besonders Wasserplätze anziehen.

Die Eigenschaften des Wassers können hervorragend auf die Ebene der positiven Gedanken übertragen werden. Ich nehme mir Zeit und betrachte ergriffen und meditierend den Wasserfall. Es lohnt sich, vom Wasser zu lernen und im Leben zu wirken, wie das Wasser wirkt.

„Das Wasser strömt unablässig.

Wohin es fließt, bringt es Leben und teilt sich an alle aus, die seiner bedürfen.

Es ist gütig und freigebig.

Die Unebenheiten des Geländes versteht es auszugleichen.

Es ist gerecht.

Ohne in seinem Lauf zu zögern, stürzt es sich über Steilwände in die Tiefe.

Es ist mutig.

Seine Oberfläche ist glatt und ebenmäßig, aber es kann verborgene Tiefen bilden.

Es ist weise.

Felsen, die ihm im Lauf entgegenstehen, umfließt es.

Es ist verträglich.

Seine sanfte Kraft ist Tag und Nacht am Werk, ein Hindernis zu beseitigen.

Es ist ausdauernd.

Wie viele Windungen es auch auf sich nehmen muss, niemals verliert es die Richtung zu seinem ewigen Ziel, dem Meer, aus dem Auge.

Es ist zielbewusst.

Und sooft es auch verunreinigt wird, bemüht es sich doch unablässig, wieder rein zu werden. Es hat die Kraft, sich immer wieder zu erneuern.

Wasser lehrt uns das rechte Leben." (Thiele, zit. in Hofsümmer 1991, S. 159).

Die Bemühung, die Gedanken immer wieder zu reinigen, soll ein dauerhaftes und nachhaltiges Bestreben sein. Diese Aufgabe lohnt sich. Die häufige und wiederholte Beschäftigung mit positiven Gedanken tut gut. Sie sind ein Segen und können wahre Wunder vollbringen. Ich wünsche mir, dass meine Gedanken mit meinen Lebenszielen und Herzenswünschen immer besser übereinstimmen.

Hier beim Wasserfall ist es frisch. Ein feiner Wasserschleier umgibt mich. Da ich leicht verschwitzt bin, bleibe ich nicht lange hier. In meiner momentanen Situation wird mir bewusst, dass ich an dieser Stelle und zu dieser Zeit sicher einer der reichsten Menschen der Welt bin, obwohl ich nur Laufschuhe und leichte Laufbekleidung trage. Eigentlich bin ich wunschlos glücklich. Mein innerer Reichtum sorgt dafür.

Die Erfüllung positiver Wünsche und Sehnsüchte macht nachhaltig erfolgreich und glücklich, je nachdem, welche Ansprüche Menschen an das Leben stellen und welche Voraussetzungen sie mitbringen.

Ich will nicht vergessen, dass das, worauf ich meine Aufmerksamkeit richte, vergrößert und verstärkt wird. Da, wo mein Herz ist, ist auch mein Schatz. Wenn ich bei einem Dauerlauf meine Aufmerksamkeit auf die Verbesserung meiner sportlichen Leistung lege, dann werde ich diese, bei geeigneten körperlichen und geistigen Voraussetzungen, auch erreichen. Genauso gut kann ich mein Hauptaugenmerk auf die Reinigung meiner Gedanken legen und in dieser Hinsicht erfolgreich sein. Wenn ich das Hauptaugenmerk auf die Förderung der Zufriedenheit lege, werde ich zufriedener werden. Dieses Prinzip gilt für alle Dinge des Lebens, sowohl im Positiven als auch im Negativen.

Es ist ein Geschenk, an die unermesslich wertvollen Schätze glauben zu können und in freudiger Erwartung des Besten zu leben. Die wahren Reichtümer befinden sich in mir selbst. Eine zeitlos beständige Quelle sprudelt in jedem einzelnen Menschen. Leider suchen die meisten Menschen Reichtum, Erfolg und Glück vorwiegend anderswo, nur nicht in ihrem Innern. So bleibt die eigentliche Quelle verborgen. Sie liegt brach. Es gilt, diesen Schatz zu heben und ihn wirken zu lassen. Wer ihn findet und wer die Quelle sprudeln lässt, dem ist bleibender Reichtum sicher. Jesus, mein Headcoach und viele gute Menschen geben insgesamt klare und wertvolle Tipps, wie ich zu diesem Reichtum kommen kann. Er fordert mich auf, zuerst das Gute und Positive zu suchen, dann stellt sich nämlich der Erfolg von selbst ein. Er sagt: „Euch muss es zuerst um sein Reich und um seine Gerechtigkeit gehen; dann wir euch alles andere dazugegeben." (Bibel, Mt 6,33). Dieses Reich ist Inbegriff des wahren Glücks, der inneren Freude und des umfassenden Friedens, der absoluten Wellness.

Wenn wir die Aufforderung Jesu ernst nehmen und umsetzen wollen, wird unsere Sehnsucht gestillt und wir werden umfassend reich sein und bleiben, trotz bescheidenen Besitzes und Erfolges.

Orte, an denen Menschen leben, können nur dann zu Wohlfühlplätzen werden, wenn Neid und Gier in den Gedanken keinen Wohnplatz finden. Neid und Missgunst wirken zerstörerisch und verschlechtern die Lebensqualität des einzelnen Menschen, aber auch das Beziehungsgeflecht um ihn herum. Dieses Prinzip gilt für jede Gemeinschaft und Gesellschaft, für jeden Ort.

Das Mitfreuen über einen Erfolg anderer übe ich schon seit Jahren fleißig, nicht nur bei Sportwettkämpfen, sondern bei jeder sich bietenden Gelegenheit. Je besser ich diese Haltung beherrsche, desto reicher werde ich. Auch die Weitergabe meiner Erfahrungen und meines Wissens steigert meinen inneren Reichtum. Der Erfolg stellt sich durch meine Lebensfreude ein.

Der Schlüssel zum Wohlstand der Seele, des Geistes und auch des Körpers ist, dass ich allen Menschen wünsche, was ich mir auch selbst wünsche. Voraussetzung dafür ist, dass ich mich selber annehme und liebe, denn nur dann kann ich gut zu mir selbst sein. So ist die in vielen Religionen verankerte „Goldene Regel" umsetzbar. Sie lautet: „Alles, was ihr also von anderen erwartet, das tut auch ihnen! Darin besteht das Gesetz und die Propheten." (Bibel, Mt 7,12).

Nachhaltig Bestand haben nur innere Werte. Wenn ich noch dazu zum Wohlergehen und Wohlstand meiner Mitmenschen und Mitwelt beitragen kann, werde ich selbst in jeder Hinsicht gedeihen. Ich möchte selbst immer mehr zu einem Wohlfühlplatz für Menschen und meine gesamte Mitwelt werden. Davon träume ich.

Blick von der Tagweide auf den Traunstein und Schober

Kapitel 6:
GIPFELERLEBNIS

Gewisse Bewegungseinheiten prägen sich besonders tief in mein Gedächtnis ein, sodass ich auch Jahre danach noch gerne an sie zurückdenke. Sie hinterlassen markante Spuren auf meinen Lebensweg. Es gelingt nur bruchstückhaft das zu beschreiben, was ich dabei wirklich erlebt habe.

Vor etwa zwanzig Jahren bin ich auf eine neue, abenteuerliche Sportart aufmerksam geworden. Das Gleitschirmfliegen wurde auch in unserer Gegend populär und ich konnte mich dieser Möglichkeit zu fliegen nicht entziehen. Nach Absolvierung einer Grundausbildung und erster atemberaubender Flüge erfasste mich ein wahres Flugfieber. Über tausend Flüge von verschiedenen Berggipfeln habe ich in zwanzig Jahren absolviert und dabei überwältigende Eindrücke gesammelt und auch brenzlige Situationen gut gemeistert und heil überstanden.

Bei jedem Flug war natürlich auch immer ein gewisses Risiko und vielfach eine gehörige Anspannung dabei. Jedes Mal war ich erleichtert, froh und überglücklich, wieder unbeschadet festen Boden unter den Füßen zu spüren. Stets war ich verantwortungsbewusst und konzentriert bei der Sache und riskierte nichts, wartete doch meine Familie zu Hause auf meine heile Rückkehr.

Schwierige Windbedingungen erforderten stets besondere Achtsamkeit. Bei optimalen Flugbedingungen war das Flugerlebnis zumeist überwältigend.

Perfekte Verhältnisse finde ich an einem Sommertag im Jahr 2000 vor. Ein stabiles Hochdruckgebiet hat sich aufgebaut. Ideale äußere Bedingungen für eine Bergtour mit anschließendem Gleitschirmflug hinunter ins Tal sind also gegeben.

Mein Ziel ist einer der markantesten Gipfel im Tennengebirge, der mächtige Breitstein. Mit großer Freude und Erwartung stehe ich auf, packe die wichtigsten Sachen zusammen und breche in der Morgendämmerung auf. Mein Ausgangspunkt, an dem ich auch wieder gesund landen will, liegt in dichtem Morgennebel, die Sicht ist noch sehr eingeschränkt. Unter solchen Bedingungen könnte ich hier nicht landen. Ich weiß jedoch, dass sich der Nebel bald lichten wird und dass weiter oben bereits strahlender Sonnenschein auf mich wartet. Ich wähle beim Aufstieg ein langsames Tempo, denn ich will genießen, staunen und über wichtige und interessante Dinge nachdenken.

Mein Rucksack, in dem der Gleitschirm, das Gurtzeug, die Flug- und Wechselbekleidung sowie die Trinkflasche verstaut sind, wiegt etwa zehn Kilo. Das ist keine allzu große Last für mich, denn ich bin bei guter Kondition und bis in die Haarspitzen für diese Tour motiviert.

Durch das taufrische Gras gehe ich anfangs über ein weites Feld im dichten Morgennebel los und komme bald zu einem schmalen Steig, auf dem ich langsam an Höhe gewinne. Hier beginnt sich der Nebel zu lichten und ich genieße die Weite, die sich vor mir auftut. Der Anblick übt eine befreiende Wirkung auf mich aus. Ich atme tief durch und genieße den Augenblick.

Im wahrsten Sinn des Wortes ist der Durchblick da. Mit all meinen Sinnen genieße ich die Eindrücke, die mir diese Situation bietet. Die ganze Pracht eines wolkenlosen Sommermorgens in den Bergen umstrahlt mich. Unter mir erstreckt sich noch immer eine dichte Nebelbank. Es ist eine wahre Freude, in einer so schönen Gegend wohnen zu dürfen. Das wird mir in diesem Augenblick wieder so richtig bewusst und ich bin dankbar dafür. Alles ist für mich heute so wunderbar hergerichtet.

Die Gedanken kreisen unter diesen Vorzeichen heute um die spirituelle und mystische Dimension des Daseins und um Aussagen, Gedanken und

Erfahrungen von mystischen Menschen. Ich habe großes Interesse, mich mit ihnen auseinanderzusetzen. Viele ihrer Gedanken berühren mich. Nicht zuletzt durch die unzähligen Bewegungseinheiten in der Natur durfte ich tief eindringen in dieses mystische Geheimnis, welches wesentlich zum wahren Glück beiträgt. Die Erfahrungen, die ich in den vergangenen Jahren in spiritueller Hinsicht gemacht habe, gehen eindeutig in die mystische Richtung. In der Auseinandersetzung mit Schriften und Aussagen bekannter Mystiker werde ich immer wieder aufs Neue darin bestätigt.

Erst vor einigen Jahren erfuhr ich, was Mystik überhaupt bedeutet. Erst eine Begegnung mit der Theologin Dorothee Sölle öffnete mir die Augen für das Thema Mystik.

Es gibt zwar viele Erklärungsversuche des Begriffes „Mystik", aber keine klare Definition. Im Deutschen taucht das Wort „Mystik" erst vor etwa 200 Jahren auf. Die sprachliche Wurzel liegt im Griechischen und bezeichnet das Schließen der Augen und Lippen.

Einem Definitionsversuch des Jesuitenpaters Karl Rahner bin ich persönlich sehr verbunden. Er meint, dass der Fromme von Morgen ein Mystiker sein wird. Er wird jemand sein, der etwas Wesentliches, Besonderes erfahren hat (vgl. Stutz 2008, S. 21).

Der Herausgeber des Wörterbuches der Mystik, Peter Dinzelbacher, umschreibt die Mystik als das Streben der Menschen nach unmittelbarem Kontakt mit Gott mittels persönlicher Erfahrung (vgl. Stutz 2008, S. 21).

All diese Erklärungsversuche treffen etwas Wesentliches, sind aber stets unvollständig.

Grundsätzlich können alle Menschen mystische Erfahrungen machen, nicht nur Heilige und Meditierende, also prinzipiell jeder Mensch.

„Schließlich ist der Mystiker keine besondere Art von Mensch, sondern der Mensch ist eine besondere Art Mystiker" (Steindl-Rast, zit. in Stutz 2008, S. 25), meint der Benediktinerbruder David.

In der mystischen Erfahrung verbindet sich das Personale mit dem Transpersonalen. Nach diesem Verständnis hat Mystik also nichts mit Weltflucht zu tun, wie ich selbst früher der Meinung war, sondern der Mystiker übernimmt ganz bewusst Verantwortung in der Welt an dem Platz, an den er hingestellt wurde und sich hingestellt hat, weil er sich als Teil des Ganzen sieht und erkennt. Er fühlt sich eingebunden in ein Beziehungsgeflecht. Mystische Menschen stellen den Anspruch, den Urgrund des Seins als Geschenk, also aus Gnade zu erfahren. Es hat mit Mystik zu tun, wenn sich ein Mensch ganz ohne Vorbehalt anvertrauen kann. Zu den zentralsten Zügen mystischer Erfahrung gehört die Verbundenheit mit allem, was existiert und lebt.

Von diesen Grundelementen des Mystischen kann ich heute, bei dieser Bergtour mit dem Gleitschirm, eine ganze Menge erleben. Umfangen von einem einzigartigen, unbeschreiblichen Gefühl einer tiefen Geborgenheit steige ich höher. Meinen Gedanken lasse ich freien Lauf und es freut mich, dass sie heute in diese Richtung gehen.

Wanderstöcke unterstützen mich bei meinem Aufstieg. Vogelgezwitscher begleitet mich und frische, reine Bergluft durchströmt meine Lungen. Die mächtigen Felswände des Breitstein ragen vor mir majestätisch in die Höhe. Nach einer kurzen Betrachtung der herrlichen Umgebung schwenken meine Gedanken wieder zur mystischen Ebene.

Nach einer berühmten scholastischen Definition ist Mystik die Erkenntnis Gottes aus der Schöpfung. Gemeint ist damit ein persönliches, eigenständiges Gottwissen, im Unterschied zur Erkenntnis von Gott, die mir durch Unterweisung und Tradition vermittelt wurde. Bei dieser Betrachtungsweise wird deutlich, dass jeder Mensch mystische Erfahrungen machen kann. In erster Linie sind es aber solche Menschen, die frei sind für das Wesentliche. Sie wollen und können in ihrem Inneren dafür Raum schaffen. Heute bietet sich für mich wieder eine glänzende Gelegenheit, in dieser Hinsicht Fortschritte zu machen. Die Erfahrung der Nähe zu Gott ist also auch mir, dem einfachen Gläubigen, möglich.

Bei meinen zahlreichen Bewegungseinheiten, mit unzähligen, staunenswerten Augenblicken in der Natur, erfahre ich viele Momente des Ergriffenseins von der Anwesenheit Gottes in mir und in der Schöpfung um mich. Heute spüre ich dieses Ergriffensein wieder ganz stark. Bei einem kurzen Verweilen an einem besonders schönen Standpunkt läuft mir plötzlich ein kalter Schauer über den Rücken. Ich staune über die Schönheit der Natur und kann mich gar nicht satt sehen. Solche Momente erleben bestimmt andere Menschen auch, nur eben über andere Wege und in einer anderen Form. Der mystische Erfahrungswert bleibt jedoch derselbe. Ein Weg in die mystische Dimension des Daseins führt bestimmt über die Natur und in diesem Fall über das Tennengebirge. Diese Erfahrungen in der Natur und in den Bergen ist ein wesentlicher Grund dafür, dass der Ausdauersport in seinen verschiedenen Ausprägungen für mich so wertvoll geworden ist.

Mystikerinnen und Mystiker glauben nicht etwas, was sie gehört oder gelesen, sondern was sie gefühlt haben. Meine Gedanken und mein Fühlen aus meiner Erfahrung mit dem Wesentlichen aufzuschreiben und sie anderen Menschen zugänglich zu machen, ist ein lang ersehnter Wunsch. Die Schwierigkeit dabei ist, alles so auszudrücken und zu beschreiben, wie ich dieses großartige Geschenk wirklich empfinde und was es in mir bewirkt.

Eine religiöse Sprache ist notwendig, um innere Erfahrungen deuten zu können.

Ich habe einen Prozess der Verwurzelung durchgemacht. Nun kann ich aus einer fruchtbaren Tiefe sinnvoll leben. Nach und nach hat eine Befreiung meiner selbst stattgefunden. Ich bin begleitet und kann deshalb im Wesentlichen sorgloser und angstfreier leben. Wenn ich an meine Kindheit zurückdenke, dann wird mir immer klarer bewusst, dass besonders meine Mutter vieles von dem in mir ausgesät hat, was ich jetzt reichlich ernten kann. Sie war zutiefst davon überzeugt, dass Gott jeden Menschen als Werkzeug braucht, der mit seinen Fähigkeiten einen Beitrag zum Aufbau und zur Bewahrung der Schöpfung leistet. Meine Mutter war zweifelsohne ein mystischer Mensch. Solche Menschen wirken auf andere therapeutisch. Sie sind bestrebt, ein menschenwürdiges, geglücktes Leben zu führen und auch zu ermöglichen.

Im Hier und Jetzt lebe ich ohne Sorgen, einsam in dieser befreienden Weite dieses Gebirgsstocks mit seinem riesigen Plateau. Hier befinde ich mich gleichsam in einem paradiesischen Zustand. Gebirgsblumen säumen meinen Weg. Sie brauchen nur wenig Erde, um prachtvoll für mich zu blühen. Ihre Genügsamkeit beeindruckt mich. Das raue Klima kann ihnen nichts anhaben. Sie sind gut verwurzelt, geerdet und sie brauchen nicht viel, um dennoch so schön zu blühen.

Der Anblick von geknickten und entwurzelten Bäumen vergegenwärtigt mir jäh die Kehrseite der Naturkraft: Ein Hagelunwetter mit Starkwind und Sturmböen, das vor wenigen Wochen über diese Gegend hinweggefegt ist, hat eine Spur der Verwüstung hinterlassen. So muss ich auf meinem Weg nach oben einige Hindernisse überwinden. Hier wird mir vor Augen geführt, wie machtvoll die Naturgewalten sein können und wie winzig und schwach, aber auch wertvoll und mächtig ich eigentlich bin. Auch die schlimmsten Katastrophen können das Leben, das Schöne und Gute nur hemmen, aber niemals auslöschen, denn die größte Gefahr für die Menschheit wäre allein der Verlust der Lebensfreude.

In regelmäßigen Abständen bleibe ich stehen, mache einen Rundblick und labe mich an einem Schluck aus der Trinkflasche. Bei dieser Wanderung wird mir wieder ganz intensiv bewusst, wie kostbar das Wasser ist und ich trinke jeden Schluck mit großer Ehrfurcht, Dankbarkeit und mit Genuss. Der wolkenlose Himmel erstreckt sich über mir. Ich habe das Bedürfnis, den Blick immer wieder nach oben zu richten. Die Sonne erwärmt die kühle Morgenluft und trocknet den Tau auf. Heute herrschen ideale Flugbedingungen. Deshalb kann ich mich auch sorglos auf den Gleitschirmflug freuen. Schon oft bin ich diesen Weg gegangen. Es gibt keine sichtbare Markierung, die mir die Richtung weist, aber ich finde den

Weg zum Gipfel trotzdem problemlos. Orientierungslos wäre ich hier nur im Nebel.

Die Begegnung mit dem Urgrund hat keinen fixen Endpunkt. Mittels Bewegung kann jeder Mensch diesem Ziel mit jedem Augenblick seiner Lebenszeit näherkommen. Dieser Gedanke verschafft mir Motivation, auch weiterhin mit Freude und Begeisterung die Stille und Schönheit der Natur aufzusuchen, sie zu genießen, zu bestaunen und mich darin zu bewegen. Auf diesem Weg will ich, wenn möglich, auch in Zukunft bleiben.

Mystik ist ein Verschmelzen mit dem Urgrund des Seins, wobei die Mystik des wahren Gottes so vielfältig ist, wie die Menschen verschieden sind. Mystik lebt von meiner eigenen Betroffenheit und von meinem Zeugnis. Mein Bekenntnis zur Mystik ist demnach nichts anderes als ein Zeugnis meiner spezifischen Betroffenheit.

Für das Geschenk dieser Erfahrung muss der Mensch ganz leer werden und sich gänzlich lösen vom Getriebe des Alltags. Dann ist er am dichtesten beim Urgrund und am meisten Mensch. Wer das Wesentliche ganz empfangen will, der muss sich selbst ganz aufgeben und sein ganzes Sein einfach zur Verfügung stellen. Jemand anderer übernimmt die Führung. Dieser Führung darf ich mich blind anvertrauen. Natürlich bedarf es dazu einer gehörigen Portion Mut. Ich brauche mich folglich in keiner Weise allzu wichtig zu nehmen, denn ich weiß, dass ich von Gott all das bekomme, was er hat und was ich brauche.

Das höchste Glück findet der Mensch nur dort, wo er sich selber hergibt. Der Weg zur Beschauung des Wesentlichen führt nicht über Abgründe hinweg, sondern steigt langsam, aber stetig aufwärts zu dieser Höhe des geistlichen Lebens, so, wie ich heute bei meiner Gipfelwanderung in unserer herrlichen Bergwelt höher steige. Es ist ein eindrucksvolles, überwältigendes Ereignis. Jeder Berglauf oder jede Bergwanderung kann so zu einem Sinnbild des Höhersteigens zum Wesentlichen werden.

Wo der Wille zu Glaube und Hinwendung an den Urgrund existiert, ist Mystik im Ansatz bereits vorhanden.

Inzwischen bin ich eine Stunde unterwegs und habe schon so vieles erlebt und durchdacht.

Über eine riesige Geröllhalde geht es steil und ziemlich mühsam bergauf. Ein paar meiner Lieblingstiere, die Gämsen, äsen in unmittelbarer Nähe. Sie sind für mich ein Inbegriff der Genügsamkeit, Kraft, Schnelligkeit und Ausdauer sowie der Trittsicherheit und Gewandtheit. Besonders die Kitze faszinieren mich mit ihrer unbändigen Freude, Neugierde und Verspieltheit. Ich halte inne und beobachte sie. Dafür nehme ich mir gerne Zeit. Meine Nähe scheint sie nicht zu stören. Selbst als ich ihnen sehr nahe komme, ergreifen sie nicht die Flucht. Vielleicht spüren sie meinen inneren Frieden und die Tatsache, dass nichts Böses gegen sie in meinen Gedanken ist. Vor friedlichen und zufriedenen Menschen muss sich niemand fürchten. Ich spüre in dem Augenblick tatsächlich eine unbeschreibliche Harmonie und Ruhe in mir.

In allen Menschen wohnt die Sehnsucht nach einem geglückten, harmonischen und sinnerfüllten Leben. Angebote gibt es genug, diese zu stillen, aber die Auswahl, welche wirklich zum Erfolg führen, ist bei dieser ganzen Fülle schwierig.

Hier in der Einsamkeit, in der ich mich befinde, gibt es eigentlich nur ein Angebot. Das genügt aber mehr als reichlich für ein augenblicklich glückliches Dasein. Im Augenblick, im Jetzt zu leben, das ist eigentlich die große Kunst. Die Gegenwart ist ewig, sie unterliegt nicht dem Zeitbegriff. Das ist eine wesentliche Erkenntnis.

Die Wiederbelebung der mystischen Dimension ist eine epochale Aufgabe der Religionen und Kirchen Europas und der ganzen Welt. Geduld ist gefragt und stetige Arbeit daran unentbehrlich.

Europa wird zunehmend zu einer religionspluralistischen Gesellschaft.

Jede Religion will auf dem Weg zu einem geglückten Leben behilflich sein. Menschen sollen die angebotenen Wege zu diesem Ziel verwirklichen. In jeder Religion kann das das Gute und Therapeutische im Herzen der Menschen auf verschiedensten Wegen zum Vorschein kommen. Als Christ fühle ich mich gerufen und aufgefordert, pluralistisch zu denken. Ich muss mich fragen, wie ich meinen Nächsten lieben kann, wenn ich nicht bereit bin, den Gott meines Nächsten zu achten. Der Urgrund allen Seins ist größer als alle Religionen, größer als alle Schriften und Traditionen, größer als irgendeine Kirche oder Religionsgemeinschaft.

Während ich langsam an Höhe gewinne, tritt die Mystik Jesu in den Vordergrund und wird Gegenstand meiner Gedanken.

Für ihn ist die Einheit mit Gott gegeben und er geht damit natürlich und selbstverständlich um. Sein Einsatz für ein rechtes, befreiendes und heilendes Gottesbild ist sympathisch. Er ist davon überzeugt, dass im Herzen eines jeden Menschen das rechte Gottesbild verborgen ist. Es scheint aber leider bei vielen Menschen nicht durch. Wenn jedoch dieses schlummernde Einheitsbewusstsein im Menschen aufbricht, gibt es keine Trennung mehr.

Das ist sehr tröstlich für mich, denn manchmal überkommt mich doch die Angst, ich könnte dieses Einheitsbewusstsein eines Tages wieder verlieren.

Als Mensch hat jeder die Macht, heilend zu wirken. Wenn ich in dieser Gewissheit lebe, dann hat das enorme Auswirkungen auf das Selbswertgefühl, auf mein ganzes Denken, Fühlen und Tun und schließlich auf mein ganzes Menschsein.

Ich bin nicht mehr ein Unterdrückter, eine Marionette oder ein Sklave, sondern ein freier, selbstbestimmter und selbstbewusster Mensch. Das ist nicht nur meine Bestimmung, sondern die Bestimmung jedes Menschen. Mystik im tiefsten Sinn ist Bewusstseinserweiterung. Es ist eine Ausweitung des menschlichen bewussten Seins und des menschlichen Fühlens und Wahrnehmens weit über das übliche Maß hinaus.

Aus dieser erhöhten Sichtweise gewinnt das Leben eine andere Wertigkeit. Mystik ist keine Sache akademischer Wissenschaftler und auch keine Sache kirchlicher Amtsträger. Die Mystik ist im Lauf der Geschichte meist Laiensache und Frauensache gewesen. Mystiker halten das Feuer der Gottessehnsucht und Gottesliebe lebendig.

Die Mystik ist gleichsam die Seele der Religion. Sie ist die Erfahrungsseite des Glaubens. In der Mystik geht es immer um die Entdeckung Gottes in der Seele, um die Durchdringung der menschlichen Person mit der göttlichen Gegenwart und um die Vereinigung mit Gottes Willen und Wesen. Alle Gotteserfahrungen, die jemand in dieser Welt machen kann, sind allerdings nur vorläufig. In Augenblicken, in denen jemand in Gewissheit und Freude ruht, sich von Gott absolut geliebt weiß, und in Augenblicken, in denen jemand spürt, dass nicht zählt, was er leistet oder hat, sondern wer er oder sie vor Gott und in Gott ist, ist jeder Mensch Mystiker. Heute, hier an dieser Stelle, an der ich mich gerade aufhalte, bin ich Mystiker und ganz nah beim Ursprung.

Wenn sich einem Menschen dieser Weg eröffnet, dann wird er grundlegend verändert. Er beeinflusst andere Menschen positiv und vermag diese aufzurichten und zu ermuntern.

Nun befinde ich mich bereits oberhalb der Baumgrenze und ich durchquere eine riesige Schotterhalde. Schweißperlen tropfen von meiner Stirn zu Boden. Im Frühjahr hat mich dieser Hang schon oft im Zuge einer Skitour, bei ausgezeichneten Firnbedingungen, erfreut. Jedes Gebiet und jede Landschaft hat zu allen Jahreszeiten einen besonderen Reiz.

Ich erreiche die mit Gras bewachsenen Matten des Breitstein. Absolute Stille umgibt mich. Ich schweige und bin ergriffen. Der Ausblick und die Fernsicht sind überwältigend. Die Einsamkeit tut mir gut.

In Kürze werde ich den Gipfel erreichen. Das ist immer ein besonderes Erlebnis.

Meine schweißnasse Kleidung tausche ich gegen trockene und verweile noch ein paar Minuten beim Gipfelkreuz. Gern würde ich noch einige Zeit hier verweilen, doch ich muss die günstigen Startbedingungen nutzen.

So beginne ich unverzüglich, die Vorbereitungen für den Gleitschirmflug ins Tal zu treffen. Mit höchster Konzentration bin ich bei der Sache. Meine Gedanken und meine ganze Kraft sind nun ausschließlich auf dieses Tun gerichtet. Alles muss stimmen, sonst kann aus einem Hochgefühl des Glücks im Handumdrehen eine Katastrophe werden.

An einem Halterungsseil des Gipfelkreuzes befestige ich eine Windfahne und beobachte sie genau. Sie zeigt mir verlässlich die Windrichtung und die Windstärke an.

Den zu einem kleinen Bündel zusammengelegten Gleitschirm hole ich aus meinem Rucksack und lege ihn sorgfältig auf einer gut geeigneten Stelle unterhalb des Gipfelkreuzes aus. Ich befinde mich in der baumfreien Zone. Das Startfeld ist riesig groß und hindernisfrei.

Ich habe im Lauf der Jahre durch diesen schönen, aber abenteuerlichen Risikosport gelernt, die Natur, Wetter, Wolken und Wind genau zu beachten und mich ihnen zu fügen. Sonst ist man ständig in großer Gefahr, manchmal sogar in Lebensgefahr, denn ein Unfall kann hier fatale Folgen haben, wie leider genügend Bespiele belegen.

Ich sortiere die Leinen und werfe immer wieder einen Blick zur Windfahne. Sie zeigt mir leichten Aufwind an. Ideale Startbedingungen sind gegeben.

Heute ist mir das Glück anscheinend besonders hold. Der Schirm ist ausgelegt, die Leinen sind sortiert. Nun hänge ich die Tragegurte ins Schloss, sichere die Karabiner und bin startklar. Eine gewisse Spannung vor dem Start ist auch bei perfekten äußeren Bedingungen in mir.

Es bedeutet kein Wagnis und keine Überwindung, mich mir selbst, der Luft und dem Gleitschirm anzuvertrauen.

Nun ziehe ich die Kappe hoch und mache noch einen Kontrollblick nach oben zur Eintrittskante des Schirms. Der Gleitschirm steht schön geöffnet über mir. Jetzt beschleunige ich mit einigen schnellen Schritten und hebe ab. Der Start ist perfekt geglückt.

Es ist ein herrliches Gefühl schwerelos in der Luft zu schweben wie ein Vogel.

Die Sehnsucht des Menschen vom Fliegen erfüllt sich hier.

Die Morgensonne hat die Ostseite des Breitsteins bereits so intensiv erwärmt, dass ich am Südostgrat einige Schleifen ziehen kann. Bald jedoch lasse ich die steilen Abhänge hinter mir und schwebe hinaus in die Weite, auch um die hier recht zahlreich lebenden Gämsen nicht unnötig zu erschrecken. Nun befinde ich mich etwa tausend Höhenmeter über festem Grund. Den Landeplatz habe ich schon längst ausgemacht. Die ausgezeichneten Flugbedingungen nutze ich reichlich aus, um meine bescheidenen Flugkünste zu verbessern. Als Genussflieger bin ich mit meinem Können und mit meinem sehr einfachen Fluggerät zufrieden. Was ich alles erleben darf, empfinde ich einfach als sensationell. Nun nähere ich mich langsam dem angepeilten Landeplatz und treffe die Vorkehrungen zum Landeanflug. Es wird wieder ernst. Heute gelingt alles perfekt und ich setze nach einem atemberaubend schönen Flug wohlbehalten und überglücklich sanft am Boden auf. Man möchte dieses Gefühl immer wieder auskosten und ich habe es heute bis an die Grenzen ausgereizt.

Inzwischen habe ich nach zwanzig Jahren Fliegerei meinen Gleitschirm auf den Dachboden gelegt. Der tiefere Grund dafür ist, dass ich ganz bewusst auch das Abschiednehmen von etwas, was mir lieb geworden ist, einüben will.

Heute teile ich meine erlebte Freude mit den Gleitschirmfliegern, wenn ich sie in den Lüften schweben sehe. Keine Wehmut überkommt mich bei diesem Anblick. Es war eine schöne Zeit, erfüllt mit wunderbaren Natur- und Gipfelerlebnissen, gerade auch in spiritueller Hinsicht. Mit diesem Schritt des Loslassens bin ich ein beträchtliches Stück vorwärts zum Wesentlichen gekommen. Schlussendlich muss ich ja einmal alles hinter mir zurücklassen. Alles, was ich habe, ist mir nur geliehen und irgendwann muss ich es wieder zurückgeben.

Ich verweile noch einige Zeit zufrieden und glücklich am Landeplatz, verstaue meinen Gleitschirm und die Fliegerbekleidung im Rucksack und kehre voll Dankbarkeit und Ergriffenheit über das heutige Gipfelerlebnis zurück in den Alltag.

Brunnen

Kapitel 7:
VERTRAUENSSACHEN

Jeder Marathonlauf ist ein besonderes Ereignis, das sich tief in das Gedächtnis eines Läufers einprägt. Das gilt speziell für ein Marathondebut. Meinen ersten Wettbewerb über die klassische Marathondistanz von 42,195 km absolvierte ich 1993 in Berlin.

Gerne denke ich an Einzelheiten dieses großen Laufereignisses der Extraklasse zurück. Das gesamte Projekt „Marathon" berührte vor allem auch den Bereich „Vertrauen", einen wesentlichen Wert im Leben jedes Menschen. Heute, einige Jahre danach, läuft bei einem regenerativen Trainingslauf dieses Abenteuer wie ein Film in meinen Gedanken ab. Vor Kurzem habe ich wieder einmal Bilder von diesem Marathon betrachtet. Sie sind Auslöser für meine Gedanken während dieses Trainingslaufes.

Mein Weg führt auf den Karkogel, weiter auf einer Forststraße zur Gsengalm und über einen Waldweg zurück nach Abtenau.

Bei regnerischem, nasskaltem Wetter laufe ich los. Meine Lauffreude trübt dieser äußere Umstand aber keineswegs. Dank meiner funktionstüchtigen Laufbekleidung kann mir der Regen nicht sehr viel anhaben. Ich starte bei meinem Wohnhaus. Bis zur Talstation des Karkogelliftes verläuft der Weg abwechslungsreich entlang gut befestigter Wanderwege und asphaltierter Straßen.

Ich finde rasch das richtige Tempo und meine Gedanken beginnen um den Berlin-Marathon und den Grundwert „Vertrauen" zu kreisen. Eine Vielzahl von Einzelheiten zu diesem Ereignis ist in meinem Gedächtnis abgespeichert. Im Rahmen meines Vorbereitungsprogramms für den Lauf in Berlin bin ich die heutige Trainingsstrecke auch manchmal abgelaufen. Nach vielen Laufjahren und Wettkämpfen auf verschiedenen Distanzen in Stadien, Städten, auf Bergen und im Gelände in Österreich und in verschiedenen anderen Ländern der Welt hat mich der Wunsch nicht mehr losgelassen, mein Leistungspotential bei einem großen Marathonlauf zu testen und diesen einfach zu erleben. Ich wollte erfahren, was ich mir alles zutrauen kann und wo meine Grenzen liegen. Einzig ein Marathonlauf fehlte mir noch als Erfahrungswert in meiner Sammlung von unterschiedlichen Laufstrecken. Mein Vorhaben war damals durchaus zeitorientiert. Dementsprechend motiviert und umfangreich fiel auch die Vorbereitung aus. Auf Grund meiner Leistungen auf kürzeren Distanzen durfte ich mir eine Zeit um 2 Stunden und 35 Minuten zutrauen. Meine Familie unterstützte mich bei meinem Vorhaben und half mir, meinen Wunsch zu realisieren. Ohne deren Rückhalt hätte es keinen Sinn gehabt, ein so großes Laufabenteuer in Angriff zu nehmen.

So stand eines Tages mein Entschluss fest, den Berlin-Marathon zu laufen. Etwa fünf Monate vorher begann ich, mich ernsthaft auf dieses sportliche Großereignis vorzubereiten. Mein gewohntes Zeitmanagement musste ich deswegen nicht grundlegend verändern, nur den Trainingsumfang und die Intensität steigerte ich maßgeblich.

Inzwischen bin ich bei meinem aktuellen Lauf am Fuße des Karkogels angekommen und nun geht es steil bergauf. Das Tempo wähle ich so, dass ich die Strecke trotz des steilen Geländes im Laufschritt bewältigen kann. Eine Bergstrecke fordert und kräftigt die Beinmuskulatur und auch das Herz-Kreislauf-System intensiv, doch ich empfinde all das als nicht unangenehm, weil ich diese Form von Bewegung liebe und darin gut geübt bin. Alles ist angenehm, was ein Mensch mit Liebe tut und was ihn fördert und fordert, jedoch nicht überfordert.

Meine Gedanken kreisen um den Berlin-Marathon. Bereits ein Jahr zuvor wurde mir eine Übernachtungsmöglichkeit in Berlin in Aussicht gestellt. Ich vertraute fest darauf, dass dieses Angebot auch wirklich seriös sei und dass mich der Vermittler dieses Quartiers benachrichtigen würde, sollte sich bis zum Marathontermin etwas verändern. So reiste ich gut vorbereitet und bis in die Haarspitzen motiviert per Flugzeug von Salzburg nach Berlin. Ein gewisses Maß an Vertrauen war ja schon notwendig, um überhaupt in das Flugzeug einzusteigen. Da musste ich mich nämlich, wie so oft im Leben, grundsätzlich jemandem anvertrauen. Als Passagier lieferte ich mich dem Piloten und der Technik vertrauensvoll aus. Noch dazu war ich allein unterwegs. Diesen Umstand empfand ich jedoch in keiner Weise als beängstigend. Mein Vertrauen in mich selbst war groß und ich war überzeugt davon, dass alles gut ausgehen würde.

Vertrauen nimmt die Angst. Ich meine hier nicht blindes Vertrauen, sondern Vertrauen im Zusammenspiel mit dem Verstand. Es gehört Mut dazu, etwas Außergewöhnliches zu wagen. Ich wage gern etwas Neues, weil ich neugierig und lernwillig bin. Das Risiko will ich bei allem, was ich tue, möglichst niedrig halten, weil ich das Leben liebe. Mit dieser Kostbarkeit will ich sorgsam umgehen. Ich bin bestrebt, das richtige Maß zu erkennen und mich an dieses zu halten. Erfahrungswerte anderer Menschen sind dabei überaus hilfreich.

Um das Glück, den Erfolg, die Freude, die Liebe und Freunde zu finden, muss ich mich auf den Weg machen. Nur so können mir diese Kostbarkeiten begegnen und ich kann ihnen begegnen. Wer sich in seinen vier Wänden verkriecht, wird nicht fündig werden und diesbezüglich erfolgreich sein. Auf meinem Lebensweg will ich mich bewegen und immer ein Lernender bleiben. Nur auf diese Weise kann ich atemberaubend Spannendes und Neues entdecken. Das macht mein Leben interessant.

Bewegung lohnt sich. Vertrauen spielt dabei eine wesentliche Rolle. Ich will dem Leben, mir selbst und dem Urgrund allen Seins trauen. Niemals bin ich allein. Zu jeder Zeit und überall fühle ich mich geborgen.

Ein Grund für diese meine Denkweise und Einstellung ist bestimmt die Tatsache, dass mir meine Eltern eine gehörige Portion Urvertrauen auf den Lebensweg mitgegeben und mir schon als Kind eine große Menge an Vertrauen entgegengebracht haben. So fällt es mir leicht, mir selbst zu vertrauen und auf Menschen mit einem großen Vertrauensvorschuss und ohne Vorurteil zuzugehen.

Der Alltag lehrt uns Menschen eher das Misstrauen und das Konkurrenzdenken als das Vertrauen. Ohne Vertrauen funktionieren zwischenmenschliche Beziehungen allerdings nicht zufriedenstellend. Das gilt grundsätzlich für alle Lebensbereiche. Eine Zusammenarbeit kann nur auf einer gesunden Vertrauensbasis erfolgreich funktionieren. Es ist gut, Menschen so viel Vertrauen wie möglich entgegenzubringen und ein gutes Gespür dafür zu bekommen, wann Kontrolle und Misstrauen angebracht sind. Blindes Vertrauen gegenüber Menschen ist nur in den seltensten Fällen vernünftig. Menschen sind zu jeder Zeit für eine Enttäuschung gut. Trotz dieser Tatsache will ich festhalten an einer Grundhaltung des Vertrauens, der Wertschätzung und Ehrfurcht gegenüber jedem Menschen und sie auch so gut wie möglich in meinem Leben verwirklichen.

Ich habe mich klar für den Weg des Vertrauens entschieden. Es freut mich, behaupten zu können, dass ich in dieser Hinsicht bis jetzt selten enttäuscht worden bin. Ich bin auf einem guten Weg. Unliebsame Überraschungen gibt es natürlich auch, aber diese bilden wirklich die Ausnahme und ich nehme sie gern in Kauf. Mit Enttäuschungen kann ich inzwischen gut umgehen. Misstrauen verursacht Angst. Vertrauen gibt Sicherheit, Geborgenheit, Gelassenheit, Geduld und innere Ruhe. Zweifel über mein Verhalten kommen nur ganz selten auf und sie dauern auch nicht lange an. An meiner beruflichen Wirkstätte, der Schule, kann ich meine Wertschätzung und die Vorurteilslosigkeit sehr gut gebrauchen und praktisch anwenden. Auch junge Menschen schätzen diese Werte hoch.

Am Berliner Flughafen angekommen, machte ich mich sogleich auf die Suche nach meinem Quartier. Doch mein Vertrauen wurde diesmal ausnahmsweise enttäuscht. An der Tür meines vorgesehenen Quartiergebers war eine Mitteilung über den Verzug an einen anderen Ort angebracht.

Ich hätte mich also doch vor Antritt meiner Reise bezüglich des Quartiers vergewissern sollen, ob alles in Ordnung ist. In dieser konkreten Situation machte ich mir verständlicher Weise kritische Gedanken über meine Vertrauensseligkeit. Hier hatte ich offensichtlich auf den ersten Blick einen Fehler begangen, der allerdings nicht folgenschwer war.

Nun stand ich mitten in der Großstadt ohne Unterkunft da. Es überraschte mich selbst, dass meine innere Ruhe deshalb keineswegs aus mir wich. Über meine Nachlässigkeit ärgerte ich mich und ich lernte daraus. Die grundsätzliche Einstellung zum Vertrauen stellte ich aber deswegen nie in Frage.

Mobiltelefon besaß ich damals noch keines. So war ich angewiesen auf Auskünfte von fremden Menschen. Zunächst machte ich den Weg zur Deutschlandhalle ausfindig, denn dort fanden die Marathonmesse und die Startnummernausgabe statt. Auch machte ich mir Hoffnung, dort ein Quartier vermittelt zu bekommen. Irgendwie war ich mir sicher, dass alles gut ausgehen würde. Zu jeder Zeit fühlte ich mich, trotzdem ich allein in der Großstadt Berlin unterwegs war, geborgen und begleitet. Nachdem ich herausgefunden hatte, mit welchem Bus die Deutschlandhalle zu erreichen sei, ging ich zur Haltestelle. Während ich hier wartete, geschah etwas Wunderbares, das ich wohl nie vergessen werde. Nur kurze Zeit nach der ersten Enttäuschung erlebte ich postwendend die positive Kehrseite der Vertrauensmedaille. Ein älteres Ehepaar fuhr langsam auf mich zu. Ich bat mit einem Handzeichen anzuhalten, denn ich wollte mich noch einmal vergewissern, ob dieser Bus auch wirklich der richtige sei. Sie bestätigten mir die Richtigkeit und fuhren anschließend langsam weiter, um an einer großen Mülltonne den Hausmüll zu entsorgen. Dann kamen sie zu meiner Überraschung wieder zurück, hielten neben mir an und fragten mich, ob ich anspruchsvoll sei. Offensichtlich erkannten sie in mir einen Marathoni, wie man in Marathonkreisen zu sagen pflegt, einen Marathonläufer. In diesem Moment muss ein Funke tiefen Vertrauens übergesprungen sein. Ich bestätigte mit Freude ihre Vermutung, dass ich am Berlin-Marathon teilnehmen wollte und teilte ihnen meine Sorge mit, noch kein Quartier zu haben. Das Ehepaar lud mich ein mitzufahren. Erfreut und erleichtert stieg ich ein. Ich spürte einfach, dass ich diesen Menschen mein Vertrauen schenken konnte. Umgekehrt war es wohl genauso.

Bei meinem aktuellen Berglauf bin ich inzwischen bei der Bergstation des Karkogel angekommen. Ich bleibe ein paar Sekunden stehen, atme tief durch und genieße den wunderbaren Blick hinunter auf Abtenau und weiter hinaus durch das Lammertal Richtung Salzach. Der Nebel hat sich vorübergehend gelichtet und ermöglicht mir diesen grandiosen Ausblick, der mein Herz zum Lachen bringt. Ich stehe mit beiden Füßen fest am Boden und mache mir bewusst, dass ich mit dem Grund verbunden bin und dass der Boden, auf dem ich stehe, meinen Körper trägt. Noch viel tragfähiger sind aber das Vertrauen und der Glaube für meinen Geist und meine Seele.

Es gibt Menschen, die das Vertrauen durch ihr Verhalten trüben oder sogar missbrauchen. Ich bin trotz allem felsenfest davon überzeugt, dass das Gute stärker ist und sich schlussendlich durchsetzen wird. Daran kann ich seit dieser Begebenheit in Berlin wieder viel leichter glauben. Der Weg in eine gute Zukunft führt über den Glauben an den guten Kern in jedem Menschen und dessen Wertschätzung. Ich will von der Möglichkeit Gebrauch machen, das Gute anstelle des Bösen in uns selbst und in den Mitmenschen hervorzukehren und zu stärken. Wir Menschen haben nämlich die Freiheit zu wählen und uns für das eine oder das andere zu entscheiden.

Mein Lauf führt nun weiter auf einer Schotterstraße zu einem lohnenden Ausflugsziel, dem Speicherteich für die Schneekanonen. Oft habe ich hier bei Schönwetter den Sonnenuntergang genossen und in diesem Augenblick meine Lebensfreude genährt. Im Leben scheint, so wie heute, nicht immer die Sonne, aber sie scheint immer wieder.

Ich setze meinen Lauf fort, denn bei diesem nasskalten, regnerischen Wetter muss ich in Bewegung bleiben, um mich nicht zu erkälten.

Das Berliner Ehepaar bot mir ohne Misstrauen das private Zimmer ihrer Tochter an, die gerade auf Reisen war, und brachte mich zur Deutschlandhalle. Dort waren sie mir bei der Abholung der Startunterlagen behilflich. Dann fuhren wir zu ihrem Haus im ehemaligen Ostberlin, jenseits der gefallenen Mauer. Diese ist ein aktuelles Symbol dafür, dass die Freiheit, der Glaube, das Vertrauen in das Gute, die Hoffnung und die Liebe trotz aller bösen Gedanken und Taten der Menschen nicht unterzukriegen sind.

Man zeigte mir das Zimmer. Die beiden Eheleute behandelten mich, als sei ich ihr eigener Sohn. So viel Vertrauen von bis vor kurzem noch fremden Menschen habe ich in diesem Ausmaß noch niemals erlebt. Am Nachmittag wurde mir die Möglichkeit geboten, mich von der Reise zu erholen. Ich konnte mich völlig entspannt ausruhen. So viel Gastfreundschaft und Vertrauen taten mir in dieser Situation gut. Der Mann, der früher selbst aktiver Marathonläufer gewesen war, bot mir dann an, mich bei einem langsamen Dauerlauf zu begleiten. Dieses Angebot nahm ich sehr gerne an und wir redeten während des Laufes miteinander, als würden wir uns schon lange kennen. Die Zeit verging wie im Flug. Am Abend lud mich die Familie, einmal mehr zu meiner Überraschung, aber wie selbstverständlich, zum Essen ein.

Bei meinem vorgesehenen Quartiergeber wäre es mir womöglich nicht ganz so gut gegangen wie hier, bei dieser Familie. So liegt in jedem vermeintlichen Misserfolg, jeder Niederlage oder in jeder Unzulänglichkeit eine Chance für etwas Neues, vielleicht sogar Besseres.

Auf der neuen Forststraße zu Gsengalm komme ich zügig voran. Sie führt relativ flach Richtung Schober, dem markanten Randberg des Tennengebirgmassivs. Inzwischen hat nach einer kurzen Niederschlagspause wieder starker Regen eingesetzt. Dicker Nebel fällt ein und es gibt jetzt in meiner unmittelbaren Umgebung nicht viel zu beobachten, sodass meine Gedanken ganz beim Berlin-Marathon verweilen können.

Am Tag vor dem Marathon trank ich bewusst viel, denn es ist wichtig gut hydriert an den Start zu gehen. In der Nacht schlief ich ruhig und tief. Eine vertrauensvolle Umgebung, in der man sich geborgen fühlt, beruhigt eben. Dazu habe ich mit meinem Verhalten und meinem ganzen Sein wohl auch einen persönlichen, nicht unwesentlichen Beitrag geleistet. Rechtzeitig wurde ich in der Früh geweckt und mit einem guten Frühstück verwöhnt. Vor meinem ersten Marathon hielt sich der Appetit allerdings sehr in Grenzen. Anspannung und Nervosität stiegen. Ich hatte großes Selbstvertrauen und war guten Mutes, denn ich wusste, dass ich gut für die kommende Aufgabe vorbereitet war.

Meine Gastgeber brachten mich rechtzeitig zum Startgelände. Ich war beeindruckt von der perfekten Organisation. Nach einem etwa halbstündigen Aufwärmprogramm bezog ich meine Startposition im ersten Startsektor. Auf Grund meiner Halbmarathonzeit war ich berechtigt, dort zu starten. Mehr als 30.000 Läufer aus aller Welt standen mit mir hinter der Startlinie. Niemand versuchte sich vorzudrängen. Wohl alle hielten sich an die vorgegebenen, notwendigen Regeln. Wäre das nicht der Fall gewesen, wäre wahrscheinlich sehr schnell das Chaos ausgebrochen. Vor mir nahmen etwa hundert Eliteläufer Aufstellung. Den Tagessieg würden sicher die Läufer aus Afrika unter sich ausmachen.

Meine neuen Freunde blieben bis zum Startschuss in meiner Nähe. Noch heute, Jahre danach, habe ich großen Respekt und Ehrfurcht vor diesen Menschen, durch die ich in kurzer Zeit derart viel Positives erleben durfte und von denen ich enorm viel lernen konnte. Ich habe mein ganzes Vertrauen gegeben und mir wurde ebenso viel Vertrauen geschenkt. Das ist ein Beweis für mich, dass meine grundsätzliche Haltung richtig ist.

Der Regen hat wieder etwas nachgelassen. Dass die Nässe teilweise bis auf meine Haut durchgedrungen ist, stört mich nicht. Entlang des Schobers führt die Schotterstrasse Richtung Gsengalm steil bergan und ich muss einiges an Energie aufwenden, um hier noch im Laufschritt unterwegs sein zu können. Ich bin allein unterwegs.

Im Gegensatz dazu umgaben mich rund 30.000 angespannte, aber freundliche Menschen auf dem riesigen Marathonstartgelände. Mein Puls war durch das Aufwärmprogramm und meiner Anspannung vor dem Start bereits auf Touren gekommen. Das war normal, wichtig und ein gutes Zeichen. Aus allen Kontinenten der Welt waren die Menschen angereist. Verschiedene Kulturen, Rassen und Weltanschauungen gaben sich ein Stelldichein. Dennoch herrschte keine Hektik. Hoher gegenseitiger Respekt war hier spürbar. Das war nicht so selbstverständlich, denn ich befand mich hier inmitten einer multikulturellen und religionspluralistischen Gesellschaft. Es zeigte sich hier eindrucksvoll, dass Bewegung und Sport in der Tat Brückenbauer sein können zu Vertrauen, Frieden, Völkerverständigung und insgesamt zu einer besseren Welt. Ausdauersport in seinen verschiedenen Ausprägungen stellt also ohne Zweifel einen wesentlichen, positiven Faktor in der Welt dar.

Vor dem Startschuss segnete ich mich mit einem Kreuzzeichen. Das tat ich ganz bewusst und mit großer Selbstverständlichkeit. Ich war zwar mit vielen Menschen unterwegs, aber diese Begleitung empfand ich in diesem Augenblick als besonders wertvoll. Mein Begleiter ist auch gerne bei allen anderen Menschen, die sich begleiten lassen wollen. Die jeweilige Konfession und Weltanschauung spielt hier keine Rolle. Toleranz ist hier gefragt. Mein Urgrund ist der Urgrund aller Menschen. Es gibt nur einen Schöpfer. Mein Gott ist der Gott aller Menschen.

Der dichte Nebel verstellt mir den Blick hinunter auf Abtenau. Ich genieße die Einsamkeit und Stille hier oben im Tennengebirge. Wichtig ist bei diesem schlechten Wetter in den Bergen, dass ich auf dem Weg bleibe. Es wäre gegen alle Vernunft hier ganz allein auch nur irgendetwas zu riskieren. Wer das Leben liebt, geht sorgsam mit ihm um. Die jeweilige Situation gibt mir vor, was ich ohne Fahrlässigkeit und Übermut tun kann, ohne mich selbst und andere zu gefährden.

Beim Brunnen vor der Gsengalm trinke ich Quellwasser höchster Qualität. Ich weiß diese Kostbarkeit zu schätzen, nicht nur weil ich durstig bin. Ich mache mich gleich wieder auf den Weg zurück ins Tal und meine Gedanken kehren zurück zum Marathon.

Kurz vor dem Start atmete ich nochmals tief durch. Ich war bereit für diese große Aufgabe, auf die ich mich wirklich freute und auf die ich mich gewissenhaft vorbereitet hatte. Es lag etwas Spannendes und Großes vor mir und allen anderen Teilnehmern, dessen Ausgang ungewiss war.

Für mich und viele andere war es das Marathondebut. Einer würde der Schnellste sein, aber trotzdem gab es schon jetzt viele Sieger, denn wer sich bewegt oder sogar auf den Weg macht, einen Marathon zu bestreiten, hat schon gewonnen. So gesehen war jede Läuferin und jeder Läufer hier am Start bereits eine Siegerin oder ein Sieger. Einen ernsthaften Kampf um den Sieg und um das Preisgeld gab es nur unter wenigen Läufern. Nach dem Startschuss war ich bestrebt, einen guten Rhythmus zu finden und, meinem Leistungsvermögen entsprechend, nicht zu schnell zu beginnen. Das gelang mir in meiner Euphorie leider nicht ganz so, wie ich eigentlich wollte. Am Anfang ging nämlich alles so leicht. Das Tempo war gefühlsmäßig langsam, aber dennoch um ein paar Sekunden pro Kilometer zu schnell, wie sich erst viel später herausstellte. Bis zur Halbmarathonmarke lief ich locker dahin und ich fühlte mich ausgezeichnet. Die Durchgangszeit ließ auf eine Endzeit von 2 Stunden 36 Minuten hoffen. Darüber freute ich mich sehr.

Ab Kilometer 30 musste ich jedoch ganz unerwartet meinem zu hohen Anfangstempo Tribut zollen und gleich bei meinen ersten Marathon bitteres Lehrgeld zahlen. Aus der bis jetzt erlebten Leichtigkeit wurde ganz plötzlich ein Kampf mit mir selbst. Willenskraft und Körperkraft stimmten nicht mehr überein. Mein Plan war durcheinandergeraten. Ich hatte meine Leistungsfähigkeit falsch eingeschätzt.

Lange zwölf Kilometer bis ins Ziel lagen noch vor mir. Mehr als eine Million begeisterte Zuschauer machten eine Riesenstimmung entlang der ganzen Strecke und feuerten die Läuferinnen und Läufer an. Mir half das allerdings zu diesem Zeitpunkt nicht mehr wirklich weiter. Die angepeilte Endzeit konnte ich unter diesen Vorzeichen niemals mehr erreichen. Ich musste froh sein, wenigstens das Ziel zu sehen.

Nach rund zwei Stunden Laufzeit machten sich also erste körperliche Probleme bemerkbar. Das beunruhigte mich. Zu dieser Zeit waren die schnellsten Läufer schon in Zielnähe. Unglaublich, wie schnell Menschen diese Marathondistanz bewältigen können. In regelmäßigen Abständen hatte ich alle fünf Kilometer an einer Getränkestation ein isotonisches Getränk zu mir genommen. In dieser Hinsicht brauchte ich mir keinen Vorwurf wegen des körperlichen Einbruchs zu machen. Dieser war eindeutig auf das zu hohe Anfangstempo zurückzuführen. So musste ich also notgedrungen das Tempo reduzieren, besser gesagt, es wurde verlangsamt, ob ich das wollte oder nicht. Natürlich war es mein Bestreben, schneller zu laufen, aber der Körper spielte nicht mehr mit. Dieser hatte jetzt das Kommando übernommen. Der Wille war hier machtlos. Die Energiereserven schwanden zusehends. Muskelschmerzen und leichte Krämpfe in den Beinen stellten sich ein.

Im Nachhinein war ich froh, überhaupt das Ziel erreicht zu haben. Mit Muskelschmerzen, Krämpfen, Hunger und Durst überquerte ich die Ziellinie. Die Zeittafel zeigte 2 Stunden 46 Minuten. Noch nie hatte ich bei einem Lauf das Ziel so herbeigesehnt wie heute. Meine Endzeit spielte unter diesen Umständen eine unbedeutende Rolle. Sie war trotz meines Einbruchs eigentlich noch relativ gut. Für andere wäre es ein Traum eine solche Marathonzeit zu erreichen. Bei vernünftigerer Einteilung wäre mehr möglich gewesen und tatsächlich bin ich bei einigen Marathons hernach bedeutend bessere Zeiten gelaufen und ohne größere Probleme ins Ziel gekommen.

Mein Vertrauen in mich selbst erschütterte dieser „Misserfolg" nicht nachhaltig. Ich war sehr überrascht von mir selbst, wie gut ich mit dieser nicht erreichten Zielsetzung umging. Auch diese Erkenntnis nahm ich dankbar mit nach Hause.

Die Fehler, die jemand am Beginn eines Marathons macht, rächen sich später bitter. Meine Gastgeber erwarteten mich bereits im Ziel und betreuten mich fürsorglich. Sogar das Gehen machte mir jetzt zu schaffen. Nur mit Mühe konnte ich mich auf den Beinen halten, denn immer wieder durchzuckte sie an verschiedenen Stellen ein Muskelkrampf. Trotzdem war ich grundsätzlich zufrieden und glücklich. Mein Durst und mein Hunger nach dem Marathon waren riesengroß. Ich labte mich im Ziel ausgiebig. So kam ich wieder rasch zu körperlichen Kräften.

Jeder, der ins Ziel kam, war froh, dass die Strapazen vorbei waren. Die Gesichter boten ein Spiegelbild von der enormen Anstrengung und Belastung. Dennoch strahlte Freude und Glück aus den abgekämpften Gesichtern.

Für mich war es im Rückblick sehr sinnvoll den Entschluss gefasst zu haben, am Berlin-Marathon teilzunehmen. Zuvor habe ich oft davon gehört, dass ein Marathonlauf mit dem Leben vergleichbar sei. Nun habe ich diese Aussage persönlich überprüft und ich kann bestätigen, dass sie durchaus nachvollziehbar ist.

Meine neuen Freunde, die mich so liebevoll und mit einem gehörigen Vertrauensvorschuss aufgenommen und bestens betreut haben, begleiteten mich noch zum Flughafen und wir verabschiedeten uns herzlich.

Hier in Berlin habe ich erfahren, dass gute Menschen wie Engel sind, dass Vertrauen Wunderbares bewirken kann und dass ein Marathonlauf eine gute Lebensschule ist.

Die Regeneration nach einem Marathon beansprucht viel Zeit. In der ersten Woche danach ist der Körper noch gezeichnet von den Strapazen der großen Anstrengung. Besonders die Beine schmerzen und an ein normales Lauftraining ist nicht zu denken. Langsamkeit und Geduld sind hier gefordert. Ein Marathonlauf bedeutet für Körper und Geist eine grenzwertige Erfahrung. Er stellt eine Art Lebensschule im Zeitraffer dar. Es ist auch meistens die Erfüllung eines Wunsches und fördert das Selbstwertgefühl enorm. Es ist überhaupt erstaunlich, zu welchen Leistungen Menschen durch starken Willen, Durchhaltevermögen und Vertrauen fähig sind.

Auf meinem Weg zurück ins Tal nehme ich den alten Almweg. Der Untergrund ist nass und ich muss mit besonderer Vorsicht laufen. Beim Bergablaufen konzentriere ich mich voll auf meine Schritte und den nassen, rutschigen Untergrund. Da bleibt keine Zeit mehr, mich gedanklich mit anderen Dingen zu beschäftigen. Ich komme wohlbehalten im Tal an und habe nur noch ein paar Kilometer auf flachen Wegen zurückzulegen.
Meine gedankliche Reise zum Berlin-Marathon habe ich genossen und meine Einstellung zu Vertrauen und Glauben in mich selbst, in die Mitmenschen und in den Urgrund des Seins habe ich bei dieser Trainingseinheit überdacht und gefestigt. Ich bin begeistert davon, welch positive Wirkung die Bewegung im Leben eines Menschen hervorrufen kann, wenn sie eine Herzensangelegenheit geworden ist. Grundsätzlich gelingt alles und hat Aussicht auf Erfolg, was aus Liebe geschieht. So kann gerade auch Laufen oder Wandern eine lebenstaugliche Leidenschaft werden, eine Sucht, die nicht zerstörerisch, sondern heilend wirkt, wenn sie maßvoll betrieben wird.
Mit großer Freude beobachte ich, dass in den vergangenen Jahrzehnten Millionen von Menschen aufgebrochen sind, um über Bewegung zu einem sinnerfüllten und geglückten Leben zu finden. Das ist ein Segen für die beteiligten Menschen selbst und indirekt für die ganze Gesellschaft.

Schneekristalle

Kapitel 8:
DEM GLÜCK BEGEGNEN

Zu jeder Jahreszeit gibt es für einen bewegungsfreudigen Menschen eine Vielzahl von Möglichkeiten sich sportlich zu betätigen. Im Winter erfreut sich neben dem Skilauf auch der Skilanglauf bei Jung und Alt großer Beliebtheit.

Erst im Alter von 22 Jahren habe ich diese Ausdauersportart für mich entdeckt. Ein erfolgreich absolvierter Technikkurs zeigte klar auf, dass mir diese Sportart wie auf den Leib geschneidert ist. Bald hatte mich ein wahrer Langlaufvirus erfasst. In den folgenden Jahren machte ich durch diese Ausdauersportart viele schöne Erfahrungen. Daran hat sich bis heute nichts geändert. Langlaufen bereitet mir immer Vergnügen und ich mache dabei immer wieder einen Schritt vorwärts in Richtung wahres Glück. Fünfzehn Jahre lang habe ich auch an großen und kleineren Wettkämpfen teilgenommen. Heute betreibe ich Langlaufen nur mehr zum Vergnügen und als Alternative zum Laufen. Es freut mich, dass ich mein Wissen, das ich mir im Lauf der Jahre über diese Ausdauersportart angeeignet habe, weitergeben kann.

Heute, an einem strahlend schönen Wintertag, bin ich auf der Skating-Loipe in der Au in meinem Heimatort Abtenau unterwegs. Während dieser Langlaufeinheit steht der Begriff „Glück" im Mittelpunkt meiner Gedanken. Dabei geht es vor allem um das wahre, nachhaltige, aber auch um das unmittelbare, schnelle Glück, welches ich bei meiner Skatingrunde auch aktuell erlebe.

Eine allgemeingültige Definition von Glück gibt es nicht. Jeder einzelne Mensch muss es für sich selbst definieren. Ich kann Glück haben oder glücklich sein. Darin liegt ein großer Unterschied. Glück haben bezeichne ich als schnelles Glück, glücklich sein als wahres Glück.

Ob ein Mensch Glück hat, ist reine Glückssache, ob er glücklich ist, ist ganz wesentlich Menschensache. Es ist also meine persönliche Angelegenheit, ob ich heute beim Langlaufen oder überhaupt in meinem Leben glücklich bin oder nicht. In hohem Maße bin ich meines eigenen Glückes Schmied. Heute habe ich unter günstigen Voraussetzungen diesen Lauf begonnen – das ist ein Glücksfall. Die Loipenbedingungen sind ideal. Die Spur ist schnell, die Ski habe ich gut gewachst und ich selbst fühle mich unbeschwert und frei. Meiner Skatingtechnik habe ich in den letzten Jahren noch den nötigen Feinschliff verpasst. Für mein derzeitiges Niveau habe ich jahrelang fleißig und mit Freude gearbeitet. Inzwischen ist das Langlaufen zu meiner liebsten Wintersportart geworden. Es verschafft mir immer wieder eine Menge Glücksmomente.

Glück ist nicht nur ein Thema für mich. Es ist ein Menschheitsthema, denn jeder Mensch strebt von Natur aus nach Glück. Das behauptet schon der griechische Philosoph Aristoteles. Die Frage, wie man es erreichen kann, ist so alt wie die Menschheit. Es gibt viele Tipps von verschiedenen Seiten. Es ist nicht leicht, bei der großen Fülle die wirklich brauchbaren herauszufiltern.

Wahres Glück will Bestand. In der Vergänglichkeit, also im irdischen Dasein des Menschen, kann das Glück immer nur unvollkommen und flüchtig bleiben.

Manche Menschen kommen dem wahren Glück sehr nahe. Sie sind sich aber dessen bewusst, dass sie es zu Lebzeiten niemals wirklich vollkommen erreichen können. Eine Kostprobe vom wahren, beständigen Glück kann allerdings jeder Mensch nehmen und bekommen.

Diejenigen, die vom wahren Glück bereits eine Kostprobe genommen haben, wissen um dessen Qualität und darum, dass es diese Art von Glück auch wirklich gibt. Sie können bestätigen, dass es sich lohnt, danach zu suchen und zu streben. Die Makel des Lebens wie Leid, Trauer und Tod sind präsent und sie machen vor keinem Menschen Halt. Sie können sowohl das schnelle wie auch das dauerhafte Glück jäh und unvermutet unterbrechen, aber niemals auslöschen.

In jedem Menschenleben gibt es Elend und Glück, Verzweiflung und Glückseligkeit. Es gibt einen Abglanz des Himmels und auch der Hölle auf Erden. Das ist die Realität und kein Mensch kann sich dieser Tatsache entziehen. Das Glück kann kein Mensch erzwingen. Wenn es zu Besuch kommt, soll man es willkommen heißen.

Die erste Steigung habe ich in einem bewusst langsamen Tempo gut bewältigt.

Von Kopf bis Fuß hat sich gleich zu Beginn der Trainingseinheit Wohlbefinden eingestellt. Ich freue mich des Lebens. Die Landschaft ist tief verschneit. Raureif hängt an den Zweigen und die Schneekristalle glitzern am Boden. Diese Atmosphäre erlebe ich als paradiesisch. Ich lasse mich jedenfalls heute, hier und jetzt, vom Glück besuchen.

Das Erste, was man in Bezug auf Glück also wissen sollte, ist, dass man es nur zulassen und willkommen heißen kann, aber keinesfalls herstellen. Glück kann niemand erschaffen oder hervorzaubern. Es kommt unter bestimmten Umständen von selbst. Der Mensch muss es nur sehen und wahrnehmen, es sieht für jeden anders aus. Es ist wertvoll und trotzdem kostet es nichts. Glück ist also ein Geschenk, das im Zustand des Loslassens und Zulassens entsteht. Glück hat nichts mit Erfolg zu tun, sondern mit meinem Bewusstsein. Es kommt immer zu mir, aber nur, wenn ich es nicht erzwinge oder krampfhaft danach verlange.

Bewegung kann aus meiner Erfahrung unter Umständen sogar den Weg zum wahren, nachhaltigen Glück öffnen. Skilanglaufen stellt für mich in dieser Hinsicht eine sehr wertvolle, kostbare Ausdauersportart dar.

Ein kalter Fahrtwind pfeift mir bei einer rasanten Abfahrt um die Ohren. Ich genieße die Geschwindigkeit. Die Stöcke unter die Arme geklemmt, gleite ich in der Abfahrtshocke dahin. Was ich in diesem Moment erlebe, könnte man auch als ein Vergnügen bezeichnen. Vergnügen ist schnelles Glück. Es kommt und geht. Diese vergnügliche Abfahrt ist in einigen Sekunden wieder vorbei. Nach diesem Genuss kommt wieder eine Steigung und ich muss mich erneut anstrengen. Da könnte mich das Glück schon wieder verlassen haben.

Tatsächlich ist aber das Glück in mir. Das wahre Glück geht nach innen und kommt von innen. Jeder Mensch wäre für diesen Glückszustand bestimmt. Er wurde geboren, um glücklich und nicht unglücklich zu sein. Das war und ist die Bestimmung jedes Menschen weltweit.

An dem Abschnitt der Loipe, an dem ich jetzt laufe, habe ich einen besonders guten Blick auf einen markanten Lawinenstrich am Fuße des Tennengebirges. Eine gewaltige Staublawine mit riesigem Ausmaß hat hier im Vorjahr eine Spur der Verwüstung hinterlassen. Gott sei Dank sind dabei keine Menschen zu Schaden gekommen. Glück und Unglück liegen im Leben sehr nahe beisammen.

Es gibt auch im größten Unglück immer einen Funken der Hoffnung. Positive Gedanken können große Wunder bewirken, weil sie dem wahren, verinnerlichten Glück entspringen.

Wenn jemand nach der inneren Befindlichkeit eines Menschen fragt, kann es sein, dass sich Menschen, die aus ärmeren Verhältnissen stammen, glücklicher fühlen, als solche, die ohnehin alles haben. Natürlich braucht es einen gewissen Rahmen an guten ökonomischen und sozialen Bindungen, damit sich der Mensch in Richtung eines glücklichen Lebens entfalten kann. Ein Kern des zeitlosen, wahren Glücks liegt in jedem Menschen. Man muss es nur zum Wachsen bringen wie alle anderen Fähigkeiten und Talente. Bescheidene, zufriedene Menschen, die ihre Gier besiegt und den Neid abgelegt haben, sind am ehesten in der Lage, dieses Samenkorn wachsen zu lassen, damit es Früchte tragen kann.

Eine Geschichte erinnert mich sehr stark an das eigene karge, aber glückliche Leben in meiner Kindheit. Sie zeigt, dass letztlich die Sichtweise auf und die Denkweise über die Dinge entscheidet, ob jemand glücklich ist oder nicht:

„Ein reicher Vater der seinem Sohn unbedingt zeigen wollte was es bedeutet arm zu sein, hat ihn zu einer armen Bauern-Familie geschickt.

Der Sohn war 3 Tage und 3 Nächte dort.

Zurück in der Stadt, fragt ihn sein Vater im Auto: ‚Was sagst du zu dieser Erfahrung?‘

‚Gut‘, sagt der Sohn zurückhaltend.

‚Hast du etwas daraus gelernt?‘, fragt der Vater.

Darauf der Sohn:

‚WIR haben einen Hund, SIE haben vier.

WIR haben ein Schwimmbad mit behandeltem Wasser, das bis zur Mitte unseres Gartens reicht, SIE haben einen ganzen Bach mit kristallreinem Wasser, Fische und anderen schönen Sachen.

WIR haben elektrischen Strom im Garten, SIE haben die Sterne und den Mond als Lichtspender.

UNSER Garten reicht bist zum Zaun, IHRER bis zum Horizont.

WIR kaufen das Essen, SIE kochen es.

WIR hören CDs. SIE hören die Konzerte der Vögel, Grashüpfer und anderer Tiere...

[...]

WIR benützen die Mikrowelle, aber das was SIE essen hat Geschmack.

Um UNS zu schützen, leben wir von Mauern umgeben, SIE leben mit offenen Türen und von Freunden umgeben.

WIR sind mit dem Handy, PC und TV verbunden, SIE sind mit dem Leben verbunden; Himmel, Sonne, Wasser; grüne Wiesen, Tiere, den Schatten und mit ihrer Familie.‘

Der Vater war erstaunt über die Aussagen seines Sohnes.

Zum Schluß zog der Sohn die Schlußfolgerung:

‚Vielen Dank, dass du mir gezeigt hast wie arm WIR sind!!!‘

Jeden Tag sind wir noch ärmer, weil wir die Natur nicht wahrnehmen, die unser Schöpfer gemacht hat.

Wir beschäftigen uns immer mit: HABEN, HABEN, HABEN UND NOCH MEHR HABEN, statt der einzigen Beschäftigung: SEIN!!!!!' " (Anonymus).

Es gibt vieles, was einen Menschen reich machen kann. Zufriedenheit und Neidlosigkeit sind jedenfalls Zentralschlüssel zum Glück im Allgemeinen und zum wahren Glück im Besonderen.

Das Langlaufen kann auf einer gut präparierten Loipe, bei guter Lauftechnik und mit moderner Ausrüstung ein wahrer Genuss sein. Die Liebe zu einer Sache ist Voraussetzung dafür, dass das Glück zu Besuch kommt. Die Voraussetzungen, die ich selbst mitbringe, tragen ebenfalls wesentlich zu einem hohen Glücksempfinden bei. Vieles muss zusammenpassen, damit sich Glück entfalten kann.

Soeben skate ich eine Steigung hinauf. Diese Anstrengung ist für mich Teil eines positiven Gesamterlebnisses. Kein Lift bringt mich hoch. Ich werde nicht bewegt und lasse mich nicht bewegen. Ich bewege mich selbst. Die Initiative geht von mir aus.

Die heutige Langlaufeinheit bekommt immer mehr einen meditativen Charakter. Die Natur gibt mir eine ganze Menge Impulse für meine Gedanken. Menschen, die Naturschönheiten nicht wahrnehmen können oder wollen, entgeht Wesentliches. Mit materiellen Dingen ist ein dauerhafter Glückszustand nicht zu erreichen, unter Erfolgs- und Zeitdruck ebenfalls nicht. Die Erfahrung von wahrem Glück erfordert eine besondere Zeit, die aber der Zeitgeist nicht bereitstellt. Es überrascht mich nicht, dass folglich die Flucht in ein Vergnügen, in das schnelle Glück, gesucht wird. Die Entdeckung des wahren Glücks ist allgemein eigentlich gar nicht vorgesehen. Vorgesehen sind nur Vergnügen, Leistung, Erfolg und ständiges materielles Wachstum. In die Köpfe der Menschen wird ein „immer schneller, höher, weiter" gehämmert. Menschen müssen in immer kürzerer Zeit immer mehr Entscheidungen treffen, die über ihr Glück oder Unglück bestimmen. Die meisten von ihnen sind nicht leicht und sinnvoll zu treffen, weil man mit der Fülle von Möglichkeiten nicht mehr gut umgehen kann. Aus der Freude an der Wahl wird die Qual der Wahl.

Die Frage ist nun, ob dieser Weg der richtige für das zukünftige Glück der Menschheit ist, oder ob er die Menschheit in naher Zukunft ins kollektive Unglück stürzt?

Man könnte meinen, die jüngste Wirtschaftskrise würde uns zwingen, etwas einfacher zu denken. Doch da kommt sofort die Angst auf, das zu verlieren, was man hat, auch wenn diese Dinge nicht notwendig sind und glücklich machen.

Alle Dinge werden plötzlich wichtig, wenn sie bedroht sind. Es ist stets einfacher, auf ein höheres Niveau zu kommen als wieder herunterzusteigen. Viele schüren die Angst und meinen, wir würden in schwierigen Zeiten stehen und noch schwierigeren entgegengehen. In Wirklichkeit sind die Zeiten gar nicht so schwierig. Wir sind nur auf einem übermäßig hohen Niveau und werden von Zeit zu Zeit etwas gebremst.

Es ist eine wichtige persönliche Erfahrung und Entdeckung, dass Materielles nicht wirklich nachhaltig glücklich macht, sondern Dankbarkeit, Zufriedenheit, die Freude an kleinen Dingen, die Freude am Helfen und Teilen wie beispielsweise bei ehrenamtlichen Tätigkeiten. In allen Bereichen weltweit von Zeit zu Zeit das Tempo zu entschärfen, wäre die Notwendigkeit der Stunde für eine langfristige, globale Zukunftsplanung.

Auf den einzelnen Menschen kommt es an, ob es hier ein Umdenken gibt. Auf mich und dich kommt es an.

Die Freude an materiellen Gütern nutzt sich sehr schnell ab. Dieses Phänomen ist sehr gut bei übersättigten Kindern zu beobachten, die in materieller Hinsicht alles bekommen, was sie sich wünschen. Die Freude über etwas Neues währt nicht lange. Es muss bald wieder ein neuer Reiz da sein, damit die Zufriedenheit und das Glück wieder für kurze Zeit präsent sind.

Glücklich ist jemand eigentlich nur, solange das Vorhandene die Ansprüche übersteigt. Zeitverzögert steigen im Normalfall die Ansprüche. Entscheidend ist grundsätzlich die Erwartungshaltung. Schon jedes Aufstehen in der Früh kann ein wunderbarer Moment sein.

Zuallererst bin ich dankbar für mein Leben und den Tag, der sich als Chance vor mir auftut. Ich freue mich über die Zeit, die mir zur Verfügung steht, und will etwas aus ihr machen. Ich arbeite daran, dass die Ansprüche an das Leben immer geringer werden, die Lebensfreude und das Glück aber immer beständiger. Messbar ist dieses Glück nicht.

Die Messbarkeit des Lebensglücks wäre übrigens ein Traum der Ökonomen. Vor etwa hundert Jahren hat ein Wirtschaftsforscher tatsächlich gemeint, man müsse einen Glücksmesser erfinden. Ein Gerät, an das man Menschen anschließen kann und das einen objektiv messbaren Glückswert anzeigt. Der technische Fortschritt hat uns hier bis jetzt – Gott sei Dank – im Stich gelassen und daran wird sich auch nichts ändern. Daher bleibt weiterhin nichts anderes übrig, als Menschen über ihr Glück zu befragen.

Das Glücksempfinden eines Menschen ist aber auch genetisch bedingt. Manche Menschen sind einfach in der Lage in vergleichbaren Situationen glücklicher und zufriedener zu sein als andere. Glücksforscher gehen davon aus, dass diese Tatsache etwa 50 Prozent des Glücksempfindens beeinflusst. Die anderen 50 Prozent hängen davon ab, was jemand denkt und wie jemand sein Leben gestaltet.

Für Menschen, die arbeiten, ist es ist wichtig zu wissen, für wen oder wofür sie ihre Arbeit verrichten, für wen und wofür sie leben. Ein Familienvater, der für seine Familie sorgt, verleiht so seiner Arbeit eine Würde und Tiefe, die sie ohne diesen Hintergrund nicht hätte. Eine Lehrperson, die Kinder wertschätzt und sie auf dem Weg zu einem geglückten Leben begleitet und auch von ihnen lernen will, spürt einen tiefen Sinn in dieser Tätigkeit. Dementsprechend motiviert gehen diese Menschen ihrer Aufgabe nach. Die Arbeit erfüllt sie und macht sie glücklich. Ziele und Zukunftsperspektiven sind wichtig. Sie werden bedeutsam, wenn wir sie in einen sinnvollen Zusammenhang einbetten. Viele Menschen leben und lebten, so wie meine Mutter, zufrieden und bescheiden. Dennoch oder gerade deswegen war und ist es ein höchst bedeutsames, erfolgreiches und geglücktes Leben. Meine Mutter hat es verstanden, ihr Leben einzubetten in einen größeren Zusammenhang. Ihr Leben wurde zum Dienst an der Familie und an dem, was über das Leben hinausweist. Sie hatte ein gutes Gespür für das Wesentliche.

Auf meinem Lauf habe ich jetzt eine lange, leicht ansteigende Gerade vor mir. Ich finde einen guten Rhythmus und gehe ganz darin auf. Ein Lauf-Hochgefühl begleitet mich. Ich erlebe nichts anderes als den berühmten Flow-Zustand. Völlig entspannt und rhythmisch gleite ich dahin.
Das Institut für Bewegungs- und Neurowissenschaft der Deutschen Sporthochschule Köln beschäftigte sich mit den Auswirkungen von körperlicher Aktivität auf die Befindlichkeit. In Kooperation mit der Theologischen Fakultät der Universität Bonn konnte eine vergleichbare Reaktion bei Gebet und sportlicher Aktivität nachgewiesen werden. Es kommt zu so genannten psychophysiologischen Entspannungsprozessen.
Einen derartigen Prozess kann ich immer wieder aufs Neue erleben.
Manche Bewegungseinheit besteht, neben der körperlichen Bewegung, in einem einzigen, intensiven Gebet. Dabei bringe ich mein Leben zur Sprache. Meistens ist es die Freude, die ich zum Ausdruck bringe, doch auch die Schattenseiten meines Lebens kann ich auf diese Weise beklagen.
Ein zufriedener Mensch lässt sich ständig überraschen und beschenken. Er wartet gespannt auf das nächste Wunder und er braucht dem Glück und dem Erfolg nicht mehr hinterher zu rennen. Dieser Mensch hat das Glück und die Zufriedenheit verinnerlicht. Einen unzufriedenen Menschen kann dagegen selbst ein Jackpot-Lotto-Sechser nicht dauerhaft glücklich stimmen. Einen unzufriedenen Weltstar kann auch der größte Erfolg nicht nachhaltig glücklich machen. Wenn ich nur aufgrund meiner

sportlichen und sonstigen Erfolge über viele Jahre hinweg zufrieden und glücklich wäre, würde mir trotzdem etwas Wesentliches zum nachhaltigen Glück fehlen. Wenn ich nur trainieren würde, um sportliche Erfolge einzuheimsen, wäre ich bedauernswert. Sie sind lediglich eine Zugabe und lediglich ein kleiner Baustein zum wahren Glück. Diese besondere Art von Glück wird im alltäglichen Leben wohl manchmal getrübt, aber es kann durch nichts gänzlich vertrieben werden.

Mein Glücksempfinden beim heutigen Lauf würde mir wenig nützen, wenn nicht das wahre Glück mein ständiger Begleiter wäre. Mein schönes Langlauferlebnis wäre nur ein kurzes Vergnügen, ein schnelles Glück. Die harte Wirklichkeit würde mich rasch wieder einholen.

Die Zufriedenheit und das wahre Glück sollen immer mehr mein ganzes Sein erfüllen, sodass nicht einmal mehr die kleinste Lücke für Unzufriedenheit vorhanden ist. So weit bin ich noch lange nicht, aber ich weiß, dass ich auf einem guten Weg bin und ich will auf dem Weg zu diesem hohen Ziel bleiben. Die Zeit vergeht, ich werde älter und das Erreichte wird immer mehr.

Bis zum höchsten Punkt der Loipe ist es nicht mehr weit. Eine weitere Steigung erfordert wieder einen etwas intensiveren Krafteinsatz.

Im alltäglichen Leben geht auch nicht immer alles spielend leicht. Manchmal muss man all seine Kräfte bündeln, um eine Hürde zu überwinden.

Wichtig für beständiges Glück ist auch, dass ich nicht versuche, das Leid, den Misserfolg, die Niederlage und letztendlich den Tod aus meinem Leben auszuklammern. Es ist erstrebenswert nicht nur das Glück, sondern auch die Schattenseiten des Lebens anzunehmen und nicht in Sackgassen des Vergnügens und des schnellen Glücks zu flüchten.

Ich genieße heute diese Zeitspanne meines Lebens wieder sehr intensiv. Ein Gefühl von Freiheit und Leichtigkeit ist in mir, während ich auf der Loipe über die weiten, schneebedeckten Felder gleite. Ich bewege und befreie auf diese Weise Körper und Geist.

Ein wahrhaft glücklicher Mensch ist ein Heiligtum. Er hat die Mitte gefunden und ruht in sich. Das wahre Glück hat er als eine wesentliche Kostbarkeit des Lebens entdeckt. Überall, wo er auftaucht, spürt man seine besondere Ausstrahlung und sein Charisma. Er gleicht einem besonderen Wohlfühlplatz. Um ihn herum herrscht gute Luft, und wo er sich aufhält, kann man befreit durchatmen.

Wenn das beständige Glück alles ist, was der Mensch hat, lässt er es nicht mehr los, wie auch das Unglück oftmals nicht mehr losgelassen wird, weil es das Einzige ist, was ein Mensch hat. Sämtliche Kulturen, Gesellschaften und Religionen haben der Menschheit nichts Gutes getan, indem sie Angst erzeugt haben vor dem Nichts, der Leere. Die Leere ist nämlich vielmehr das Tor zum Reichtum, zum wahren Glück. Mystiker der Vergangenheit und Gegenwart legen uns ans Herz, wie ein leeres Gefäß zu werden, damit Raum geschaffen wird für das Wesentliche, das dauerhaft glücklich macht. Es soll darin Platz nehmen und dort dauerhaft wohnen können. Jedes Glück ist ein bescheidenes Abbild des Göttlichen. Ein sehr deutliches Abbild Gottes ist das wahre, beständige Glück, die Glückseligkeit. Ein wichtiger Baustein dazu ist, dass ich mir selbst und sogar auch meinen Feinden vergeben kann. Die Versöhnung mit jemandem beginnt in meinem Kopf. Wenn ich Menschen vergeben habe, verfolgen sie mich nicht mehr in meinen Gedanken. Nur wenn ich mich von aktuellen Belastungen befreie, kann ich das Glück genießen. Der einzige Weg zum Frieden ist das Vergeben. Das ist manchmal schwer, aber möglich und notwendig zur Erreichung des wahren Glücks.

Sich befreien von Altlasten aus der Vergangenheit bedeutet, einen Geschmack zu bekommen von Freiheit und innerem Frieden. Wahrhaft glückliche Menschen sind grundsätzlich freie Menschen. Sie lassen sich befreien von ihren Sorgen, sie lieben den Frieden und können vergeben. Vor allem sind sie sich nicht zu gut, sich von Menschen helfen zu lassen und die Hand zur Versöhnung zu reichen. Sie wissen, dass auch ihnen verlässlich geholfen wird, von Mitmenschen und einem ständigen, unsichtbaren Begleiter.

Glückliche Menschen sind demütig. Sie haben Mut zum Dienen und vertrauen auch darauf, dass Gott in ihrer Mitte wohnt und dass er sie liebt. Es gibt bestimmt einige Menschen in unserer Umgebung, die in dieser Weise leben. Sie sind die Alltagsmystiker neben dir und mir.

Wenn ich heute glücklich über die Loipe gleite, erzeuge ich bestimmt Schwingungen des Glücks. Sie strahlen aus und haben eine Wirkung auf mich und meine Mitwelt.

Mein Glück wäre erst dann vollkommen, wenn alle Menschen glücklich sind, da alles miteinander verbunden ist. Das Leben kann ich in allen Lebensbereichen mehr genießen, je glücklicher die Menschen sind, die mit mir und um mich herum leben und denen ich täglich begegne.

Meine Skating-Einheit neigt sich dem Ende zu. Es ist immer wieder faszinierend, was sich während einer Trainingseinheit, ganz gleich, in welcher Ausdauersportart, in meinem Körper und in meinen Gedanken abspielt. In dunklen Stunden meines Lebens rufe ich gerne schöne Augenblicke und Bilder ab, die ich bei verschiedenen Trainingseinheiten erlebt und in meinem Gedächtnis abgespeichert habe. Solche Ruhebilder können dunklen und traurigen Gedanken schnell wieder eine neue, positive Richtung geben und meiner Lebensfreude auf die Beine helfen.

Schöne Augenblicke, Stunden und Tage und Erlebnisse will ich nicht vergessen. Wenn ich sie vergesse, kommen sie niemals wieder. Von dieser schönen Langlaufzeit, die mich nun verlässt, nehme ich Abschied wie von einem Fest. Die Auswirkungen einer derart erbaulichen Bewegungseinheit hinterlassen bleibende Spuren und sind bedeutsame Meilensteine auf dem Weg zum wahren Glück.

Schneeschuhspuren auf der Postalm

Kapitel 9:
ERBAULICHE DANKBARKEIT

Vor einigen Jahren haben meine Frau und ich eines der ältesten Wintersportgeräte für uns wiederentdeckt.

Wir bekamen zu Weihnachten von unserem Sohn moderne Schneeschuhe geschenkt. Anfangs waren wir skeptisch, ob wir für diese sanfte Sportart begeisterungsfähig sein würden. Tatsache ist, dass wir nach einer ersten Schnuppertour von der Effektivität als alternatives Trainingsgerät restlos überzeugt waren. Seither sind wir im Winter sehr oft abseits der Hektik des Alltags in tief verschneiter Landschaft unterwegs. Ob allein, gemeinsam mit meiner Frau oder in einer Gruppe, eine Schneeschuhwanderung stellt immer eine lohnende Bewegungseinheit für Körper und Geist dar.

Früher waren die Schneeschuhe im Verhältnis zu den heutigen Exemplaren unhandlich und umständlich zu bedienen.

Ich kann mich noch gut an die Schneeschuhe meines Vaters erinnern. Es waren einfache Holzreifen mit Befestigungsschnüren. Natürlich habe ich sie als Kind ausprobiert. Begeistert war ich von diesen sperrigen Geräten damals jedoch nicht. Sie kamen wirklich nur im Notfall zum Einsatz. Früher erleichterten die Schneeschuhe den Jägern den mühsamen Gang durch den tiefen Schnee zu den Wildfütterungen. Als Sportgerät konnten sich aber erst die modernen Schneeschuhmodelle durchsetzen, weil sie in der Handhabung einfach sind, und das Wandern mit ihnen angenehm und leicht ist. Dank ihrer schlanken Form kann man ganz natürlich mit ihnen gehen. So kann sich wirklich jeder bewegungsfreudige Mensch mit diesem Sportgerät in winterlicher Landschaft problemlos fortbewegen.

In den vergangenen Jahren haben bereits sehr viele Menschen diese sanfte Wintersportart entdeckt. Es ist nämlich ein Genuss mit ihnen in tief verschneiter Winterlandschaft, abseits von Straßen und Wegen, in der stillen, unberührten Natur allein oder in einer Gruppe unterwegs zu sein. Diese sanfte Art sich im Schnee fortzubewegen bietet eine derart angenehme Atmosphäre, dass ich auch meditativ unterwegs sein kann.

Jede Wanderung bringt ein spezielles Erlebnis mit sich. Manchmal wird aus einer Schneeschuhwanderung sogar eine Reise nach Innen. Das ist jedoch nicht vorhersehbar und schon gar nicht planbar. Solche Highlights ergeben sich nur, wenn die Voraussetzungen wie ein ruhiges, angenehmes Umfeld und das eigene körperliche und seelische Wohlbefinden gegeben sind. Die Auswirkungen einer solchen Wanderung auf Körper und Geist sind überaus positiv. Innere Ruhe kann sich ausbreiten und die Sinne werden hellwach für die schönen Augenblicke, die in der winterlichen Landschaft wahrzunehmen sind. Auf diese Weise entdecken die Augen Wunderbares. Nur wer seine eigenen Erfahrungen mit diesem Sportgerät gemacht hat, weiß, welch therapeutische Kraft von dieser Bewegungsform ausgeht.

Man kann im Winter an Orte und Plätze gelangen, die im Sommer nicht zugänglich sind. Besonders Moore, Aulandschaften und verborgene, stille Orte sind auf diese Weise neu zu entdecken und deren Schönheit zu bestaunen. Plätze zum Innehalten und Durchatmen tun sich im Verlauf einer Wanderung zur Genüge auf.

Ich erinnere mich an eine besonders erbauliche Schneeschuhwanderung auf der Postalm bei Abtenau. Dieses schneesichere, weitläufige Almgebiet ist ein Eldorado für Schneeschuhwanderer. Der Wetterbericht verspricht ruhiges, kaltes Winterwetter mit ungetrübtem Sonnenschein und herrlicher Fernsicht. Es herrschen nach den Schneefällen der vergangenen Tage allgemein ideale Wintersportbedingungen auf Pisten und Loipen. Die Lawinengefahr auf den Bergen ringsum ist hoch, weswegen ich mich lieber mit den Schneeschuhen hier in lawinensicherem Gelände ohne Risiko bewege. Früh morgens packe ich die notwendigen Sachen zusammen und mache mich mit dem Auto auf den Weg zur Postalm.

Schon die Fahrt über die Mautstraße zum Ausgangspunkt meiner Wanderung ist bei diesem Ansichtskartenwetter ein besonderes Erlebnis. Während ich den winterlichen Straßenverhältnissen entsprechend vorsichtig fahre und von Zeit zu Zeit den grandiosen Ausblick auf die verschneiten Berge und die glitzernde Winterlandschaft genieße, denke ich zurück an meine Kindheit. Mein Blick ist auf meinen Hausberg, den Tabor, gerichtet. Dieser Berg ist mir seit Kindestagen vertraut.

Auf dem Bauernhof und speziell auf diesem Berg ist die Liebe zur Natur schon als Kind in mir erwacht. Über besondere Raritäten und wunderbare Entdeckungen in Flora und Fauna staunte ich. Durch dieses Staunen habe ich schon früh gelernt, dankbar zu sein für die großen und kleinen Kostbarkeiten, welche die Natur zu bieten hat. Auch meine Eltern haben mich immer wieder auf staunenswerte Dinge aufmerksam gemacht. Sie wiesen mich auch darauf hin, dass ich für die Wunder, die die Natur uns schenkt, dankbar sein und dass ich mit der Schöpfung achtsam umgehen soll.

Die ersten Bücher, die ich las, waren Geschichten über das Leben der Indianer. Ihre Lebensweise und ihr Umgang mit der Natur übten eine große Faszination auf mich aus.

Der Bezug zur Natur und das Verhalten der Indianer, die von den Weißen als „Wilde" bezeichnet wurden, sind bis heute nachahmenswert. Dass in Wirklichkeit wohl die Weißen die „Wilden" waren, ist heute unumstritten. An dieser Tatsache hat sich bis in die heutige Zeit nichts oder nicht viel geändert. Ausbeutung der Schöpfung schmerzt. Sie ist und bleibt ein Skandal. Die Gier des Menschen bricht unaufhörlich in allen Bereichen des Lebens durch und verursacht großes Leid. Die Verlockung des Habens und des Herrschens steckt seit jeher sehr tief im Menschen. Maßhalten und die Bewahrung der Schöpfung sind ein Gebot der Stunde und entscheidend für die Zukunft der Menschheit. Es sollte geradezu eine Verpflichtung für jeden Menschen sein, das eigene Verhalten in dieser Hinsicht zu überdenken.

So genannte Naturvölker können uns auch heute noch spirituelle Lehrmeister sein, wenn wir ihnen nicht mit Überheblichkeit begegnen, sondern in einem kritischen Dialog Lernende sein wollen.

Manche indianische Worte und Weisheiten, gesprochen vor 200 oder 300 Jahren, muten uns heute prophetisch an. Damals hörte man auf ihre Stimme nicht. Der so genannte „Wilde" und seine Gedanken, sein Beitrag zur Welt, mussten der modernen Zivilisation weichen. Wir können vergangenes Unrecht nicht wieder gut machen, aber wir können zumindest hören auf das, was uns die Indianer Nordamerikas noch heute zu sagen haben. Wir finden darin manche Worte, die uns verloren gegangen sind und die wir erst wieder suchen und entdecken müssen.

Lame Deer schreibt seinem weißen Freund Richard Erdoes, der 1940 vor der Hitlerdiktatur nach Amerika auswanderte:

„Lasst uns alle hier niedersitzen in der freien Prärie, wo wir keine Straßen und keinen Zaun sehen. Setzen wir uns nicht auf eine Decke. Unsere Körper sollen den Boden spüren, die Erde, den Widerstand der Stauden, die sich unserer Berührung anpassen. Das Gras soll unsere Matratze sein, damit wir seine Schärfe spüren und seine Weisheit. Lasst uns wie Steine sein, wie Pflanzen und Bäume. Lasst uns Tiere sein, lasst uns denken und fühlen wie sie. Horch auf die Luft! Du kannst sie hören, sie spüren, sie riechen und schmecken, die heilige Luft, die alles mit ihrem Atem erneuert. Wir sitzen nebeneinander, wir berühren uns nicht, aber etwas ist da. Wir fühlen, dass etwas in unserer Mitte gegenwärtig ist. Das ist ein guter Anfang, über die Natur nachzudenken und über sie zu reden. Aber reden wir nicht nur „über" sie. Reden wir mit ihr. Sprechen wir mit den Flüssen, den Seen und den Winden, wie mit unseren Verwandten." (Deer, zit. in Recheis/Bydlinski 1983, S. 10).

Bei all den vielen Bewegungseinheiten in der Natur steigt das Gefühl der Verbundenheit mit allem mehr und mehr in mir. Neben dieser Verbindung ist im Lauf der Jahre auch die Verbundenheit mit dem Urgrund meines Seins immer intensiver geworden. Ich fühle mich eingebunden in ein Beziehungsgeflecht und bin folglich ein Teil davon.

Im Leben eines Indianers gibt es die Pflicht, deren Erfüllung er nie vergisst: Jeden Tag ehrt er im Gebet das Ewige und Unsichtbare. Alles, was ein Indianer tut, hat für ihn religiöse Bedeutung. Er spürt den Geist des Schöpfers in der ganzen Natur und glaubt, dass er daraus seine innere Kraft erhält. Die alten Dakota waren weise. Sie wussten, dass das Herz eines Menschen, der sich der Natur entfremdet, hart wird. Sie wussten, dass mangelnde Ehrfurcht vor allem Lebendigen und allem, was da wächst, bald auch die Ehrfurcht vor dem Menschen absterben lässt. Deshalb war der Einfluss der Natur, die den jungen Menschen feinfühlig machte, ein wichtiger Bestandteil ihrer Erziehung.

Wie für die Indianer damals, so ist die Natur auch für mich eine bedeutende Lehrmeisterin, eine Autorität, vor der ich besondere Achtung und Ehrfurcht habe. Der Blick auf die Natur gibt mir wertvolle Tipps für mein Leben. Sie hilft mir auf dem Weg zum vollen Menschsein. Dafür bin ich dankbar und will dies durch mein Verhalten der Natur gegenüber ausdrücken.

Inzwischen bin ich am großen Liftparkplatz angekommen und ich freue mich auf die Schneeschuhwanderung. Schnee gibt es in Hülle und Fülle. Die Sonne hat die Luft schon etwas erwärmt. Trotzdem brauche ich anfangs noch Handschuhe, Haube und Jacke. Ich schnalle die Schneeschuhe an, nehme den Rucksack und die Stöcke auf und starte los. Bereits nach den ersten Schritten ist klar, dass heute ideale Bedingungen für mein Vorhaben herrschen.

Dieser herrliche Tag ist zum Staunen und Danken gemacht. Er ist mir und allen Menschen, die hier ebenso wie ich in dieser Gegend unterwegs sind, geschenkt.

Die Schneekristalle glitzern im Sonnenlicht. Neugierig und fasziniert bestaune ich ein Exemplar genauer. Vom Anblick dieses Kunstwerkes lasse ich mich ergreifen und bin überwältigt, was die Natur alles hervorbringt. Meine Augen sind geöffnet für die Schönheiten, die sich vor mir auftun. In meinem Innern regt sich tiefe, ehrliche Dankbarkeit, Lebensfreude und Glück. Nichts lenkt mich ab und so kann ich alles intensiv erleben und verinnerlichen. Ein zufriedener und glücklicher Mensch stapft mit Schneeschuhen durch die Winterlandschaft. Es heißt, dass zufriedene Menschen immer auch dankbare Menschen sind. Ein dankbares Herz ist glücklich. Daher lohnt es sich dankbar zu sein für alle großen und kleinen Geschenke des Lebens. Um staunen zu können, brauche ich keine teure Weltreise zu machen. Staunenswerte Naturerlebnisse, Gipfelerlebnisse im Großen wie im Kleinen gibt es überall auf der Erde. Man muss nur lernen, sie zu entdecken und zu sehen.

Während ich im weichen Pulverschnee dahinstapfe, denke ich daran, dass mir als Mensch mit Körper, Geist und Seele eine Aufgabe zugedacht ist, die sinnvoll ist und mich glücklich machen soll. Einen tiefen Sinn in meinem Leben sehe ich im Aufbau einer friedlichen, gerechten Welt. Ich will mitarbeiten an der Bewahrung und Vollendung der noch im Werden befindlichen Schöpfung. Eine Tour wie diese hilft mir, auf dieses Ziel wieder einen Schritt zuzugehen. Ich komme gut voran und durchquere jetzt ein flaches, weites Feld. Diese stille Umgebung vermittelt mir einen schier endlosen Freiraum. Ich genieße mein ungetrübtes Dasein, doch gleichzeitig bin ich mir der Tatsache bewusst, dass ich mich auch mit der anderen Seite des Lebens irgendwann wieder auseinandersetzen muss. Das bleibt mir nicht erspart, aber momentan lebe ich ganz im Jetzt und ich erfreue mich an diesem Zustand in vollen Zügen. Ich atme ganz bewusst die klare Luft ein und denke daran, dass ich mit allen Menschen verbunden bin, die ebenfalls atmen. Alle atmen dieselbe Luft und alle leben auf derselben Erde. Die Erde braucht uns Menschen nicht, aber wir Menschen brauchen die Erde und die Luft zum Leben. Alles ist vernetzt.

Während ich mir durch den weichen Schnee meinen Weg bahne, frage ich mich nun, warum ich hier bin. Die Bestimmung eines jeden Menschen wäre, den für ihn richtigen Platz im Leben zu suchen und zu finden. Wenn ich das weiß und mich auf die Suche mache, kann ich fündig werden. Dann ist ein geglücktes, zufriedenes Dasein möglich. Dann ergibt das Leben einen Sinn und es ist lebenswert. Für jeden Menschen gibt es ein Betätigungsfeld, das ihm entspricht und in dem er sich wohlfühlen und verwirklichen kann. Diesen Platz gilt es zu entdecken. Bewegung in der unberührten Natur kann bei der Suche wertvolle Dienste leisten. Um die Schönheit der Schöpfung zu bestaunen und deren Energie in sich aufzunehmen, braucht es eine Haltung der Langsamkeit, der Geduld und des sich Bewegens. Die Zeit, die jemand in eine solche Übung investiert, ist bestens angelegt. Das bestätigen mir auch immer wieder die Teilnehmer an meditativen Wanderungen und meditativen Laufeinheiten im Zuge von Laufseminaren und Schneeschuhwanderungen, die ich begleite. Die Zeit, die wir in der staunenswerten Natur meditierend verbringen, wirkt befreiend und erlösend. Menschen finden ihre Mitte und den Platz, an den sie gehören und wo sie sich wohlfühlen.

Es braucht Zeit und Ruhe, um das Wesentliche zu entdecken, zu begreifen und zu verinnerlichen.

Durch langsame Bewegung in der Natur kann man sich die nötigen Freiräume schaffen, um wieder zu einem gesunden Lebensrhythmus zu finden. Es ist heilsam ab und zu den Fuß vom Gaspedal zu nehmen, um dann wieder an Tempo und Intensität zulegen zu können.

Staunenswert ist die Schöpfung nur für diejenigen Menschen, die das rechte Schauen haben. Wer das rechte Schauen hat, hat auch das Staunen und wer Staunen kann, der hat das Leben in Fülle. Solches ist nur über Entschleunigung möglich. Ganz bewusst verlangsame ich bei diesen Gedanken mein Tempo und mache Halt. An dieser Stelle kommt mir ein bekanntes Kirchenlied in den Sinn. Da ich ganz allein in dieser Weite unterwegs bin, wage ich es, die erste Strophe dieses Lieds leicht abgewandelt für meine jetzige Situation als Dankeslied laut zu singen:

„Großer Gott, ich danke dir, Herr ich preise deine Stärke.

Vor dir neige ich mich tief und bewundere deine Werke.

Wie du warst vor aller Zeit, so bleibst du in Ewigkeit."

Ich setze meine Wanderung fort und denke über die Früchte des Dankens nach. Jeden Abend ist es mir ein Bedürfnis, für den vergangenen Tag und für alles Erlebte Danke zu sagen. Am Morgen danke ich für die Chance, die mir der neue Tag schenkt.

So kann ich Tag für Tag aus dem Vollen schöpfen. Lebensfreude, innerer Friede und Ausgeglichenheit sind bei mir eingekehrt. Diese Werte machen mich leistungsfähig und motivieren mich, meine verborgenen Talente weiter zu entdecken und zu entfalten. Das bleibt übrigens eine lebenslange Aufgabe.

Wo ich jetzt gehe, ist keine Menschenseele unterwegs. Am ersten schönen Tag nach dem ergiebigen Schneefall bin ich der Erste, der einsam seine Spur durch die frisch verschneite Landschaft zieht. Ich blicke zurück und betrachte die Spur, die ich im Schnee hinterlasse. Ebenso hinterlässt mein ganzes Leben einen Abdruck. Es lohnt sich, manchmal zurückzuschauen und die eigene Spur zu betrachten.

Seit dem Beginn meiner Wanderung sind etwa drei Stunden vergangen. Eine leichte, wohltuende körperliche Müdigkeit spüre ich am Ende meines Weges. Das langsame Tempo, das ich heute gewählt habe, das oftmalige Innehalten und Staunen in der Stille hat meine Haltung der Dankbarkeit gefördert und geschult.

Nebelmeer über dem Lammertal

Kapitel 10:
DAS GESCHENK DER FREIHEIT

Zu meinem fünfzigsten Geburtstag wurde mir von meiner Familie ein besonderes Geschenk bereitet.

Es ist der Traum vieler begeisterter Läufer, einmal am größten und bedeutendsten Laufereignis der Welt, dem New-York-Marathon, teilzunehmen. Dieser Marathon übt seit seinem Bestehen eine magische Anziehungskraft auf laufsportbegeisterte Menschen aus. Es war auch mein Wunsch, einmal an diesem außergewöhnlichen Laufspektakel teilnehmen zu können. Im Jahr 2004 ging dieser Wunsch also in Erfüllung.

Meine Reise nach New York und der Marathonlauf stehen in engem Zusammenhang mit äußerer und innerer Freiheit. Für die äußere Freiheit hat zum einen meine Familie gesorgt, indem sie mir grünes Licht für diese Reise gegeben hat, und zum anderen ist es meine ausgezeichnete physische und psychische Verfassung, die mich frei macht. Für die innere Freiheit habe ich in den vergangenen Jahren schon fleißig vorgesorgt. Sie begleitet mich auch nach und in New York. Ich reise befreit und ganz bewusst schalte ich auch jeglichen Leistungsdruck aus. Die Endzeit spielt demnach eine untergeordnete Rolle. Der Marathonkurs in New York ist anspruchsvoll und folglich sind persönliche Bestzeiten dort ohnehin rar.

Ich nehme mir also vor, diesen Marathon im Schongang zu laufen, um die Atmosphäre rundum so richtig erleben und genießen zu können. Unter den angeführten Voraussetzungen erlebe ich diesen Marathon völlig anders als meinen ersten Lauf über die klassische Marathondistanz in Berlin, bei dem ich mich selbst unter Druck setzte und setzen ließ.

Während der gesamten Reise und auch beim Marathonlauf selbst fühle ich mich frei. Niemand entzieht mir diese Freiheit, niemand setzt mich unter Zwang, auch ich selber nicht. Diese Freiheit unterliegt aber auch gewissen Regeln, die ich vernünftigerweise freiwillig akzeptieren will, damit meine Wünsche in Erfüllung gehen können. Die Erkenntnis, dass Freiheit ohne Einschränkung und Maßhalten nicht möglich ist, bestätigt sich auch hier erneut. Mein Körper unterliegt den Naturgesetzen.

Ich will mich also besonders im körperlichen Bereich einschränken und über mich selbst hinauswachsen, indem ich das Tempo so wähle, dass ich einen unvergesslichen Genuss-Marathon ohne jeglichen Einbruch erleben kann. Ich halte Maß und mache mich dadurch frei für andere Eindrücke, die mir bei schnellerem Tempo verschlossen blieben. Unter derartigen Voraussetzungen genieße ich das Unternehmen „New-York-Marathon" in vollen Zügen. Mit gutem Gewissen möchte ich mich über alles, was auf mich zukommt, freuen. Jedem einzelnen Teilnehmer will ich den Erfolg gönnen und mich mit allen freuen. Die 40.000 Teilnehmer/-innen am Marathon schränken mich in meiner Freiheit in keiner Weise ein. Keiner macht dem anderen seinen Platz streitig. Es herrscht keine zerstörerische Rivalität. Die Menschen gehen respektvoll miteinander um und sorgen so für gegenseitigen Freiraum und Freiheit. All diese Menschen sehe ich gern und fühle mich wohl unter ihnen.

Freiheit ist ein kostbarer Wert. Seine Bedeutung für die Menschen ist unterschiedlich. In gleicher Situation kann sich der eine frei, der andere aber unfrei fühlen. Wer nicht die nötigen Voraussetzungen mitbringt, kann sich beim Laufen nicht frei fühlen und erst recht nicht bei einem Marathon. Jedes Tun macht frei, das nicht unter Zwang, sondern aus freiem Willen geschieht und sinnstiftend ist. Die Liebe zu einer Tätigkeit macht frei, wie auch die Liebe zu sich selbst und zu anderen Menschen, zur Mitwelt und zum Urgrund des Seins.

Beim ersten Marathon in New York, der am 13. September 1970 stattfand, nahmen 130 Läufer teil, von denen lediglich 55 das Ziel erreichten. Bis 1975 fand der Marathon im Central Park statt. 1976 wurde die jetzige

Strecke durch alle New Yorker Stadtbezirke eingeführt, was zu einer stark steigenden Teilnehmerzahl führte. 1994 wurde dann erstmals die Marke von 30.000 Teilnehmern überschritten. Bei meiner Teilnahme 2004 sind es bereits über 40.000.

Das Zuschauerinteresse ist überwältigend. Die Laufstrecke vom Start in Staten Island bis zum Ziel im Central Park ist gesäumt von applaudierenden und begeisterten Menschen, die die Läufer förmlich über die 42,195 km lange Marathondistanz tragen. Es ist erhebend, über rund drei Stunden ununterbrochen Applaus zu bekommen. An die zwei Millionen Menschen, unter ihnen besonders viele Kinder, stehen am Straßenrand und strecken die Hand aus, um von den vorbeilaufenden Marathonläufern berührt zu werden. Ein Kontakt dieser Art mit einem Marathoni ist für sie etwas Besonderes. Die ungeheure Begeisterung wirkt befreiend und überträgt sich auf mich.

Da für mich das Marathonerlebnis im Vordergrund steht und nicht eine persönliche Spitzenleistung, bin ich frei für Details am Rande und genieße die einzigartige Atmosphäre vom Start bis ins Ziel. Der Sieger überquert 50 Minuten früher als ich die Ziellinie. Seine Freude, sein Glück und seine Freiheit können aber auch nicht viel intensiver gewesen sein als meine.

Nur wenige Läufer haben das Bestreben und das Potential, in New York eine persönliche Bestzeit zu laufen. Die drei Kilometer lange Verrazano-Brücke, die unmittelbar nach dem Start zu überqueren ist, weist bis zur Hälfte eine leichte Steigung auf und danach folglich ein Gefälle, das die Beinmuskulatur bereits zu Beginn ordentlich fordert. Wer hier sein Tempo nicht zügeln kann, erlebt spätestens auf der zweiten Hälfte der Strecke unliebsame Überraschungen.

Abseits des Marathons gibt es während des mehrtägigen Aufenthalts in New York natürlich auch die Möglichkeit, die Tag und Nacht gleichermaßen pulsierende Stadt näher kennen zu lernen. Unser Hotel befindet sich in der Nähe des Marathonzieles, dem Central Park. Diese grüne Lunge von New York besuche ich täglich und erfreue mich an der schönen Umgebung und den herrlich angelegten Laufpfaden. Sorgen und körperliche Wehwehchen habe ich keine nach New York mitgeschleppt und so fühle ich mich hier rundum als freier Mensch.

Eines Morgens bin ich schon vor dem Frühstück im Central Park allein unterwegs und genieße die Stille des anbrechenden Tages auf einer einstündigen Laufrunde. Um diese Zeit sind noch wenige Läufer unterwegs und so kann ich ungestört einen meditativen Morgenlauf absolvieren.

Als Trainingsform wähle ich manchmal die spirituelle Meditation im Verlauf einer langsamen Ausdauerübung.

Nachforschungen haben ergeben, dass religiöse Meditation, unabhängig von der Konfession, intensiver wirkt als andere. Menschen, die spirituell meditieren, seien deutlich erholter und schmerztoleranter als solche, die andere Formen der Meditation praktizierten. Meine Erfahrung ist, dass die Betrachtung der Dinge von innen her mein körperliches und geistiges Wohlbefinden fördert. Ebenso erfahren das Gesundwerden, das Glück, die Freude und damit auch meine äußere und innere Freiheit und viele andere positive Werte einen spürbaren Aufwind. Die innere Freiheit ist inzwischen mein ständiger Begleiter geworden und ich bin sehr dankbar für dieses Geschenk.

Ein Geschenk ist kostbar. Auf eine Kostbarkeit will ich Acht geben und damit gut umgehen. So macht es mir keinerlei Schwierigkeiten, zu mir selbst gut zu sein. Das betrifft mich ganzheitlich, meinen Körper, meinen Geist und meine Seele.

Mich selbst kann ich ausgezeichnet annehmen, weil ich mir genüge. Das hat zur Folge, dass ich mich in meiner Haut wohl fühle. Wenn ich in den Spiegel schaue, freue ich mich über den Menschen, der mich da anblickt. Meine Gestalt, meine Hautfarbe oder mein Geschlecht habe ich mir nicht selbst gegeben und doch kann ich mich dankbar annehmen. Mein Leben betrachte ich als ein Geschenk und ich möchte in möglichst großer Freiheit leben. Ich bin mir sicher, dass ich geboren bin um frei, glücklich und erfolgreich zu sein.

Der Gedanke daran, unter den weltweit lebenden Menschen einzigartig zu sein, verleiht mir eine Sonderstellung und stärkt mein Selbstwertgefühl. Kein Mensch von den bisher etwa hundert Milliarden war jemals auf das Haar genau gleich wie ich und niemand wird mir jemals gleichen.

Grundsätzlich ist jeder Mensch wertvoll, noch bevor er irgendeine Leistung erbracht oder einen Erfolg erzielt hat. Ein Baby wird geliebt, obwohl es noch keine Erfolge vorweisen kann. Auch ich werde geliebt, unabhängig von meiner Leistung. Das gilt auch für jeden Teilnehmer am Marathon in New York, für jeden der zwei Millionen Zuseher am Streckenrand und überhaupt für jeden Menschen weltweit. Das ist meine Überzeugung.

Ich frage mich, während ich am Morgen im Central Park gemütlich dahintrabe und mir die Vögel ein Morgenlied zwitschern, wie ich denn in dieser Gruppe von Läufern aus Österreich und auf andere Menschen, mit denen ich in meinem Leben zusammentreffe, wirke? Wirke ich grundsätzlich befreiend auf meine jeweilige Umgebung?

Wilhelm Willms stellt dazu passend folgende Fragen: „Wusstest du schon, dass die Nähe eines Menschen gesund machen, krank machen, tot und lebendig machen kann? Wusstest du schon, dass die Nähe eines Menschen gut machen, böse machen, traurig und froh machen kann?" (Willms, zit. in Müller [u. a.] 2004, S. 17).

Menschen können befreiend wirken, aber auch einengend und zwingend. Der Morgenlauf im Central Park wurde mit diesen Gedanken zu einem eindrucksvollen meditativen Ereignis.

Wozu Menschen im Guten wie auch im Bösen fähig sind, erfahren und erleben wir jeden Tag. Menschen können einander in Unfreiheit und tiefstes Leid stürzen.

Beim Besuch von Ground Zero, dem Schauplatz des abscheulichen Terroranschlags 9/11 auf die Twin Towers, herrscht bedrückende Stille und Betroffenheit angesichts des unvorstellbaren Verbrechens von Menschen gegen Menschen. Es ist erschütternd, zu welch fürchterlichen Taten sich

Menschen hinreißen lassen und wie sich manche für abartige Pläne anderer zur Verfügung stellen und sich missbrauchen lassen. Angesichts solcher Ereignisse kann es schwer fallen, ausnahmslos jeden Menschen als Kostbarkeit zu sehen. Welche Orientierungshilfe nehmen solche Menschen in Anspruch?

Für mich stellen die zehn Gebote aus dem Alten Testament eine wertvolle Hilfe dar. Ich bezeichne sie nicht als Gebote, sondern als meine zehn großen Freiheiten oder Freiheitsregeln. Durch eine Umschreibung versuche ich sie verständlicher zu machen. Ich sehe sie als Möglichkeit und Chance für ein Leben in Freiheit.

Die ersten drei großen Freiheiten beziehen sich auf den Urgrund meines Seins, auf Gott. Diesen will ich als meinen Begleiter willkommen heißen. Ich habe die Möglichkeit, mich an der Wahrheit zu orientieren und nicht an den tausend Meinungen anderer. Ich habe die Chance, mein Vertrauen an Gott zu binden und nicht an Propaganda und Gerede. Meine Liebe will ich an der Liebe Gottes messen, um so Kraft und Mut für ein sinnvolles Leben in Freiheit zu schöpfen. Nichts soll mir wichtiger sein als er. Ich möchte ihn ernst nehmen und mich an seiner wahren Autorität orientieren und mit ihm Kontakt halten. Unter seiner Obhut wird mein Leben Erfüllung finden. Freude, Friede, Sinn und Glück werden mich begleiten. Ich will ihn weder als Phrase, noch als faule Ausrede missbrauchen, denn er ist kein billiges Spielzeug, das benutzt und weggeworfen werden kann.

In der Stille, Ruhe und Einsamkeit kann ich ihn entdecken. Die Natur und meine Bewegungseinheiten in ihr sind mir behilflich. Ich darf mit Gott aufatmen, durchatmen, feiern und mich des Lebens freuen. Besonders der Sonntag bietet mir die Möglichkeit auszuspannen und neue Kräfte zu sammeln. Weiters habe ich die Chance, mich auf das Ziel meines Lebens zu besinnen und nicht vor mir selbst davonzulaufen. Ich habe die Gelegenheit, mich des Tages zu erinnern, an dem Christus vom

Tod zum Leben auferstanden ist, um mich dadurch heute für das Leben fähiger zu machen. Zusätzlich und als Höhepunkt kann ich ihm noch leibhaftig in der Eucharistie begegnen.

Die weiteren sieben der zehn großen Freiheiten verstehe ich als Orientierungshilfe zwischen mir und der Mitwelt. Mein Verhältnis zu jeder Autorität will ich an meiner Verbindung zu Gott messen. Er ist die höchste Instanz. Ich habe die Möglichkeit, unabhängig zu sein von den Mitmenschen, weil ich freiwillig abhängig bin von meinem Urgrund. Sogar Menschen zu lieben, die mir unangenehm sind, sehe ich als Chance für mich. Auch will ich die Verantwortung wahrnehmen, da zu protestieren, wo Autorität missbraucht wird. Freiheit gewinne ich nur, wenn ich sinnvolle Gesetze und Regeln freiwillig in mein Leben einlasse und mich nicht dauernd gegen sie auflehne. Ich kann es mir leisten, dem Nächsten zu helfen. Dabei werde ich nicht ärmer.

Die Schöpfung möchte ich achten und sorgsam mit ihr umgehen. Ich habe die Möglichkeit, die nahen und die fernen Menschen in meine Liebe einzubeziehen. Mit meinem Leben habe ich die Verantwortung mitzuhelfen, das Töten durch Worte, durch Hunger und durch Krieg zu verhindern. Ich habe die Chance, den Frieden für die Welt mit meinen bescheidenen Möglichkeiten zu verwirklichen und Zeichen des Friedens zu setzen.

In der Partnerschaft ist mir die Möglichkeit gegeben, jeweils den ganzen Menschen zu lieben und nicht nur einen Teil von ihm. Dabei habe ich die Verantwortung, mit Wort und Tat den Einklang meiner Liebe zu beweisen. Mein Schöpfer will der Stifter meines wahren Glücks und der inneren Freude sein. Diese Geschenke will ich nicht für mich behalten, sondern weiterschenken. Das ist eine große Chance für mich.

Zu viel Besitz bedeutet Verlust an Frieden und Selbstachtung. Überfluss macht unfrei. Ich brauche mich nicht unehrlich bereichern. Nichts will ich mir nehmen, was nicht mir gehört. Vielmehr kann ich es mir leisten zu geben statt zu nehmen. Eine unerschöpfliche Quelle will für mich sorgen. Ich habe die Chance in dieser Welt auf ehrliche Weise zu leben und einzutreten für die Benachteiligten. Auch habe ich die Verantwortung, Menschen zum Recht zu verhelfen, denen man das Recht genommen hat oder die sonst irgendwie unter die Räder gekommen sind.

Auch der Wahrheit möchte ich eine Chance geben. Ich kann es mir leisten Vertrauen zu schenken und Vertrauen zu schaffen. Gegen meinen Nächsten brauche ich nichts Böses zu sagen. Vielmehr habe ich die Möglichkeit, für den anderen einzutreten, auch wenn er nicht meiner Meinung ist. Gerne nehme ich die Chance wahr, nicht nur hier beim New-York-Marathon, Menschen anderer Hautfarbe, anderer Nationalität und Weltanschauung vorurteilslos zu begegnen. Ich brauche keinen Menschen um irgendetwas zu beneiden, weder um den Besitz noch um sein Können und seine Talente. Der Neid auf andere nimmt mir die Freude am Eigenen. Ich möchte mich ehrlich darüber freuen, wenn andere glücklich sind. Anderen Menschen Gutes zu tun kann ich mir leisten. Ich habe die Möglichkeit ein guter Partner für meine Mitmenschen zu werden, ohne immer ängstlich an mich selber denken zu müssen. Ich will mich verantwortlich dafür fühlen, meine Talente und Begabungen nach und nach zu entdecken und diese für alle zu nutzen. Ich habe die Chance mit meinen Mitteln das Beste zu erreichen, nämlich an einer Welt des Friedens und der Gerechtigkeit mitzubauen und andere Menschen aufzubauen.

Diese zehn großen Freiheiten übertragen mir Verantwortung, bieten mir Chancen und geben mir Möglichkeiten für ein Leben, das gelingen kann. Sie wirken für mich nicht bedrohlich, einengend und zwingend, sondern befreiend.

Egoismus, Gier und Stolz bringen jedoch diese Bestimmung des Menschen, ein Leben in Glück und Freiheit zu führen, zu Fall. Ich will vehement gegen diese Versuchungen ankämpfen. Jeder Mensch muss in dieser Hinsicht auf sich selbst schauen und für die eigene Freiheit und die Freiheit seiner Mitwelt Sorge tragen.

Wirklich frei ist ein Mensch erst dann, wenn er zufrieden ist und nichts mehr erwartet. Seine Sehnsucht ist gestillt, folglich lässt er sich nur mehr beschenken. Die Hände legt er deswegen allerdings nicht in den Schoß, weil er Freude daran hat, seine Fähigkeiten weiterhin zu nutzen.

Überall, wo ich mich aufhalte, auch hier in New York, fühle ich mich auf Schritt und Tritt begleitet. Die Gewissheit um die Begleitung durch den Schöpfer bringt erst die volle innere Freiheit für mich. Diese Form von Freiheit zu erreichen ist ein erstrebenswertes Ziel.

Menschen, die in äußerer Unfreiheit leben, können sehr wohl die innere Freiheit besitzen und so diesen Missstand leichter ertragen. Die innere Freiheit ist unabhängig von Erfolg, Reichtum und Ansehen der Person. Sogar im Angesicht des Todes haben Menschen in Konzentrationslagern, im Besitz der inneren Freiheit, noch fröhliche Gesänge angestimmt. Da steckt also eine ungeheure, unbesiegbare Kraft dahinter. Diese Menschen waren begleitet und frei, weil sie sich begleiten und befreien ließen.

Dass es nicht allein auf mich ankommt und dass ich begleitet bin, befreit auch mich und nimmt mir Druck und Angst. Menschen, die ihr Leben ganz allein in die Hand nehmen wollen, sind meistens nur so lange glücklich, so lange sie Erfolg haben und entsprechende Leistungen abliefern können. Sie fühlen sich nur wertvoll, wenn sie die von der Gesellschaft oder von sich selbst erwartete Leistung bringen. Wenn das nicht mehr der Fall ist, fühlen sie sich wertlos und unglücklich.

Jeder Mensch will frei sein und sucht die Freiheit. Er sucht sie jedoch leider nicht in sich selbst, sondern anderswo. Dort kann er sie aber nicht finden. Angelus Silesius fragt in diesem Zusammenhang und stellt fest: „Halt an, wo läufst du hin? Der Himmel ist in dir. Suchst du ihn anderswo, du fehlst ihn für und für." (Silesius, zit. in Stutz 2008, S. 48).

Wenn Menschen den sportlichen Erfolg suchen, können sie die Freiheit nur dann auskosten, wenn sie das angestrebte Ziel erreichen. Für einen innerlich freien Menschen ist hingegen auch eine Niederlage keine Tragik. Er fühlt sich trotzdem befreit und vor allem wertvoll. Äußere Zwänge oder Misserfolge können seine innere Freiheit nicht trüben.

Diese Art von Freiheit ist ein Geschenk, das für alle Menschen und an jedem Ort der Erde in gleicher Weise vorhanden ist. Es wartet darauf entdeckt und angenommen zu werden. Viele Menschen haben offensichtlich Angst, sich vom Urgrund des Seins begleiten zu lassen.

Sie lehnen diese Begleitung ab, weil sie glauben, in ihrer vermeintlichen Freiheit eingeschränkt zu werden. Das größte Hindernis im Befreiungsprozess ist der Stolz des Menschen, sich selbst preiszugeben. Er fürchtet um seine Freiheit und meint, er würde in noch mehr Abhängigkeit und Zwang geraten. Darin liegt auch der Ansatzpunkt der neuzeitlichen Religionskritik. Aus meiner langjährigen Erfahrung kann ich versichern, dass das Gegenteil der Fall ist. Je näher ich beim Urgrund bin, desto freier und befreiter fühle ich mich. Der moderne Mensch will sich nicht hergeben, dazu hängt er zu sehr an sich. Er will sich für sich selber haben. Das höchste Glück findet er aber nur dort, wo er sich selber hergibt.

Der Mensch ist am intensivsten er selbst, wenn er in Gott ist. Die Erde ist am dichtesten sie selbst, je näher die Menschen am Urgrund des Seins sind.

Ein mystisches Gottverständnis fordert mich als Mensch, der in der Welt lebt, geradezu auf, Gott in allen Dingen dieser Welt zu suchen, denn überall dort ist er verborgen, auch hier in New York. Welche Rechnung kann nicht aufgehen, wenn die wichtigste stimmt, nämlich sich im Urgrund des Seins wie in einem Netz geborgen zu fühlen?

Bei jedem Lauf und auch bei anderen Tätigkeiten will ich diese Verbindung festigen. Für die Erfüllung dieser großen Sehnsucht trainiere ich gerne. Sie stellt eine starke Antriebskraft dar, mich immer wieder laufend zu bewegen. Die Geborgenheit befreit mich und erfüllt mein Leben mit Freude.

Drei Stunden bin ich beim Lauf durch die Stadtteile von New York unterwegs. Viele Eindrücke stürzen in dieser Zeit auf mich ein. Es dauert eine Zeitlang, bis ich sie aufgearbeitet habe. Die Menschenmassen und der tosende Straßen- und Menschenlärm wecken in mir bald die Sehnsucht nach Ruhe und Stille. Diese finde ich vor allem zu Hause in meiner vertrauten Umgebung wieder. Der Erfahrungswert dieser Reise ist für mich enorm. Ich habe viel erlebt und gesehen. Die Zufriedenheit mit dem, was ich zu Hause vorfinde, ist gestiegen und ich bin dankbar für die Ruhe, die ich wieder auf meinen gewohnten Laufpfaden vorfinde. Ständiger Lärm, wie er in einer Großstadt herrscht, würde mir auf Dauer bestimmt nicht guttun.

Wenn auch das Tempo nicht allzu hoch war, so schmerzen die Beine nach dem Überqueren der Ziellinie doch enorm. Ein Marathonlauf ist eben niemals ein Spaziergang. Erst nach einer Woche sind die Strapazen des Laufes und der Reise endgültig weg und ich kann wieder uneingeschränkt und beschwerdefrei mein Trainingspensum absolvieren.

Apfelblüten

Kapitel 11:
INTENSIVE WAHRNEHMUNG

Bei einem Dauerlauf entlang der Salzach übe ich die anspruchsvolle Kunst der inneren Wahrnehmung. Zu diesem Zweck will ich langsam und aufmerksam unterwegs sein, um die Dinge von innen her zu betrachten. Heute ist ein Frühlingstag wie aus dem Bilderbuch. Es ist eine Aufbruchsstimmung in der Natur zu spüren. Ich bin mittendrin und lasse mich von dieser Atmosphäre ganz bewusst durchdringen. Erste Frühlingsboten blühen am Wegrand. Vogelgezwitscher begleitet mich entlang der Laufstrecke. Die Bäume und Sträucher beginnen auszutreiben, Knospen springen auf. Frische, grüne Blätter sprießen hervor. Um mich herum erwacht nach der langen winterlichen Ruhepause neues Leben. In dieser Zeit hat die Natur Kraft geschöpft für einen Neustart mit voller Kraft und Energie. Die schöpferische Pause im Winter hat sich sichtlich und spürbar gelohnt.

Die äußeren Gegebenheiten sind für einen „Lauf nach innen", wie ich diesen heute bezeichnen möchte, bestens geeignet. Wie sich die Natur um mich herum die lebensnotwendigen Nährstoffe aus der Luft und aus dem Boden holt, so gilt dieses Angebot auch für mich. Dankbar nehme ich das Geschenk an.

Der Mensch lebt nachweislich nicht nur vom Essen, Trinken, Arbeiten und Schlafen. Dringend notwendig braucht er auch Nahrung für den Geist und für die Seele. Die Natur erweist sich dahingehend als eine sprudelnde Quelle, die bis jetzt nicht versiegt ist. Ich will sie mit allen Sinnen aufspüren und bestmöglich für mein Wohlbefinden an Körper, Geist und Seele nutzen. Neben den staunenswerten Wundern, die die Natur für mich bereithält, bewege ich mich auch gleichzeitig auf den Urgrund meines Seins zu. Mit jedem Laufschritt komme ich näher an das Wesentliche heran. Das Ergebnis davon ist die Erneuerung meiner selbst in meiner Ganzheit.

Der Frühling kehrt auch in mir ein. Die innere Erneuerung ist nicht zu sehen, wohl aber zu fühlen. Ich bin eingegliedert in einen Erneuerungsprozess und atme mit der Natur auf. Ich bewege mich abseits von Lärm und jeglicher Hast. Ruhe ist in mir. Keine Musik berieselt mich und auch auf ein Pulsmessgerät verzichte ich. So bin ich bereit für eine bewusste Wahrnehmung. Ich laufe langsam in der Stille dahin. Ich versuche mich jetzt selbst intensiv wahrzunehmen und will im Wohnzimmer meiner Gedanken aufräumen. Ich schaffe in mir Platz für das Wesentliche, indem ich Altlasten entsorge. So kann der Frühling auch in meinem Inneren einziehen.

Unmittelbar vor einem Lauf ist es nicht ratsam viel zu essen. Bewegung mit vollem Magen ist mühsam und beschwerlich. Seitenstechen kann sich einstellen. Körperliche Probleme schränken eine innere Wahrnehmung massiv ein oder machen sie unmöglich. Auch äußerer Lärm und Unruhe in meiner Mitte lassen eine intensive innere Wahrnehmung kaum zu. Ich will mich heute einschränken, indem ich das Tempo drossle, ohne Angst, etwas zu versäumen oder deswegen in einem Laufwettbewerb vielleicht weniger erfolgreich zu sein. Ich achte sehr genau auf das richtige Maß.

Dieser aktuelle Lauf findet übrigens in der christlichen Fastenzeit statt. Das gibt mir den Impuls, über das Verständnis von Fasten nachzudenken. Fasten bedeutet für mich eine bewusste Suche nach einem erfüllten Leben in seiner Gesamtheit. Dabei bin ich nicht nur während der Fastenzeit auf der Suche, sondern das ganze Jahr über. Fündig werde ich besonders während mancher Bewegungseinheiten im Ausdauerbereich. Da kann ich das Maßhalten üben und darüber nachdenken, was mir guttut. Der Alltag bietet genug Gelegenheiten, meine Erkenntnisse auch umzusetzen.

Wie jegliches Leben gedeihen und gut gelingen soll, so soll es auch mit meinem sein. Das habe ich als meine Bestimmung erkannt und dazu bin ich geboren. Ich bin wertvoll und kostbar und dementsprechend will ich mit mir umgehen und in weiterer Folge mit meinen Mitmenschen, die ebenso kostbar sind, und mit meiner Mitwelt.

Ich laufe jetzt langsam, denn wenn ich schnell unterwegs bin, huschen die wesentlichen Dinge an mir vorbei und ich kann sie nur oberflächlich wahrnehmen, meine Gedanken nur sehr schwer richtig ordnen und in die rechte Richtung lenken. Die Drosselung des Tempos ist für mich eine Form des Fastens. Ich verzichte meinem Körper und meinen Gedanken zuliebe auf einen schnellen Lauf. In der Langsamkeit und im Maßhalten will ich die Kunst der intensiven inneren Wahrnehmung immer besser erlernen. Jede meditative Wanderung und jeder beschauliche, langsame Lauf erweisen sich als hierfür ausgezeichnete Trainingsmöglichkeit.

Gewiss spüren viele Menschen in unserer multikulturellen und religionspluralistischen Gesellschaft allgemein die Notwendigkeit, das rechte Maß für sich selbst zu entdecken, zu teilen und Brücken zu bauen, von Mensch zu Mensch, von Kultur zu Kultur und von Religion zu Religion. Sie geben dem gemäßigten, beschaulichen Leben den Vorrang gegenüber der Gier und der Sucht, ununterbrochen Neues, Unvernünftiges und Überflüssiges zu erfinden und zu verbreiten. Eine intensive innere Wahrnehmung lässt die Menschen ganz Selbstverständliches immer wieder neu als Geschenk entdecken.

Es kommt nicht darauf an, wie erfolgreich man ist, sondern wie man die Dinge von innen her spürt und wahrnimmt. Das kann die Seele eines Menschen sättigen. Alles, was ich heute erlebe und wahrnehme, ist erbaulich für mich. Einem unzufriedenen Menschen hingegen ist kaum etwas recht, er stößt sich an fast allem. Er findet überall ein Haar in der Suppe. Es kommt eben auf die innere Einstellung und die Sichtweise der Dinge an. In früheren Jahren hätte eine derartige Denkweise wegen des Strebens nach sportlichem Erfolg keinen Platz gehabt. Erfolgreicher als jetzt war ich deshalb aber in früheren Jahren nicht. Was ich erlebe und wie ich das Erlebte wahrnehme, hat Bedeutung für meine Existenz, für mein Leben, für die Art, wie ich lebe, wie ich mich verhalte, was ich tue und denke und worüber ich mich freue. Eine glückliche, aber entbehrungsreiche Kindheit und mehr als vierzig Jahre lang tausende Kilometer langsam und schnell zu laufen und zu gehen, hinterlässt intensive, prägende Spuren.

Die Natur ist mein Lebensraum, meine Lebensgrundlage. Ich lebe in ihm und mit ihm. In diesem Raum befindet sich die Luft zum Atmen, der feste Boden unter den Füßen, Licht, Wärme, Nahrung und vieles mehr. Mein Körper ist ein Teil davon. Die Natur und mich selbst nehme ich noch dazu mit Blick darauf wahr, dass alles Schöpfung Gottes ist. Das lässt sich mit naturwissenschaftlichen Daten nicht beweisen. Dieser Blick bezeichnet ausschließlich meinen Glaubensstandpunkt. Wenn ich mich draußen in der Natur an Plätzen und Wegen in Einsamkeit und Stille bewege, innehalte und durchatme, überkommt mich nicht selten ein Staunen, manchmal auch ein Verstehen, ein Verstummen oder eine besondere Ergriffenheit.

Mit einer Gruppe von Menschen, die mit mir bei einer meditativen Wanderung auf der Suche nach dem Wesentlichen sind, kann sich dieser Gefühlszustand noch verstärken. Daraus schöpfe ich Kraft. Es ist schön, gemeinsam zu erspüren und zu betrachten, wie wunderbar alles geschaffen ist, wie reibungslos und schlüssig alles ineinander greift und wie unendlich groß und wunderbar diese Schöpfung ist. Ich selbst fühle mich als ein ganz winzig kleiner, aber wichtiger Teil der unendlichen Wirklichkeit. Ich bin bedeutsam, weil ich dazu auserwählt bin, in diesem großen Gefüge ein kleines Rad zu sein. Ich bin also klein und groß zugleich.

Groß fühle ich mich deshalb, weil mir viele Möglichkeiten offenstehen, meine Möglichkeiten zu entdecken, zu nutzen und etwas zum Aufbau und zur Bewahrung dieser wunderbaren Schöpfung beizutragen. Klein fühle ich mich, weil ich abhängig bin, manchmal ausgeliefert, ohnmächtig und sehr leicht verletzbar. Ein kleines körperliches oder seelisches Gebrechen kann meine Pläne und meine Schaffenskraft schon gehörig durcheinanderwirbeln. Nur ganz wenig von all dem, was es gibt und was um mich herum geschieht, kann ich begreifen und durchschauen. Es ist auch nicht entscheidend, wie viel ich weiß – auf das wesentliche Wissen kommt es an. Die Frage ist immer nur, was der einzelne Mensch und die Gesellschaft als wirklich wesentlich erachten. Bei meditativen Wanderungen gehe ich dieser Frage ganz bewusst nach. Gemeinsam mit den Teilnehmern mache ich mich auf die Suche nach dem Wesentlichen.

Zu Beginn einer meditativen Wanderung hinterfrage ich gerne in der Gruppe, wie ich mich selbst als Mensch sehe und wahrnehme und welcher Stellenwert mir im gesamten Beziehungsgeflecht zukommt. In diesem Zusammenhang stelle ich heraus, dass viel wichtiger ist, was ich bin, als das, was ich habe. Jeder Mensch hat seine eigene Würde, wie auch die gesamte Schöpfung. Einen Menschen respektiere ich dadurch, dass ich eine Haltung des Zurücktretens und der Anerkennung pflege und beachte.

Sehr entscheidend für mein Wohlbefinden und mein Selbstwertgefühl ist, ob ich mit mir selbst im Reinen bin, ob ich mich und mein Dasein ablehne oder ob ich mich selbst akzeptiere und willkommen heiße. Ein Blick in den Spiegel kann mir Auskunft darüber geben, wie ich zu mir selbst stehe. Wenn ich mich selbst nicht annehmen und gutheißen kann, kann ich auch den Mitmenschen nur sehr schwer oder überhaupt nicht in seiner Einzigartigkeit annehmen und gelten lassen, so wie er ist. Deshalb will ich den Blick verstärkt auf mich selbst richten, gut mit mir umgehen und mich selbst immer intensiver lieben lernen. Je älter ich werde, desto mehr Gewicht bekommt diese Denkweise und Einstellung. Das Altwerden verliert so sein Schreckgespenst. Es gibt nicht viele Momente, in denen ich mich in meiner Haut unwohl fühle, weil ich weiß, dass es genügt, einfach da zu sein. Wertvoll und kostbar bin ich nicht wegen der Erfolge, die ich aufzuweisen habe, sondern einzig und allein wegen meines Daseins als Mensch.

Wichtig ist, dass ich lebe und nicht gelebt werde. Ich will mich immer mehr einüben in die Disziplin, in Freiheit zu entscheiden, was für mich am besten ist und lernen mir selbst und anderen Grenzen zu setzen und zu ziehen.

Auch den Verzicht will ich üben, aber nicht unter ständiger Kontrolle, die mich einschränkt und unter Druck setzt. Ich kann, ohne ein schlechtes Gewissen zu haben, ruhig einmal auch etwas über die Stränge schlagen, weil ich weiß, dass ich dann wieder maßhalten kann. Leid entsteht dadurch, dass ich von außen beherrscht und abhängig gemacht werde. Diese Abhängigkeit ist gegen meine Würde. Ich muss versuchen, wenn notwendig, mich einer solchen Zwangsjacke zu entledigen. Grenzen setze ich mir freiwillig und bewusst. Ich will mein eigener Herr sein. Wenn ich erkenne, dass dies nicht mehr der Fall ist, muss und will ich mir helfen lassen.

Verzicht bedeutet im positiven Sinn Lust an der Freiheit. In der katholischen Tradition kam der Verzicht oft aus der Angst vor dem Leben. Da wurde die Freiheit beschnitten. Das Leben wurde beschnitten, die Sexualität, die Freude, die Lust und viele Annehmlichkeiten des Lebens. Wenn ich auf etwas verzichte, trainiere ich die innere Freiheit, sodass ich mir selbst, meiner Kindheit, meiner Erziehung und meinen Unzulänglichkeiten nicht ausgeliefert bin. Durch konsequentes Training beim Sport komme ich in Form. Ich bereite mich gewissenhaft auf Wettkämpfe und andere Herausforderungen vor und stelle mich bewusst und gerne diesen Prüfungen.

Heute verzichte ich auf ein schnelleres Tempo. Dafür übe ich die innere Wahrnehmung. Ich gönne meinem Körper eine regenerative Auszeit, die indirekt auch meiner Seele guttut. Ich bin mein eigener Coach und will selbst das Maß finden, das mir guttut. In diesem Fall genieße ich es, allein unterwegs zu sein und auf niemanden Rücksicht nehmen zu müssen. Ich kann über diese Zeit in Freiheit selbst verfügen. Auch meinen Trainingsplan erstelle ich mir selber nach meinem Gefühl und meinem Wissen. Mein Gespür ist inzwischen so gut geschult, dass ich mit meinem persönlichen Trainingsplan sehr erfolgreich bin. Ich höre auf mich selbst und erspüre, was ich brauche, um mich wohl zu fühlen und erfolgreich zu sein. Das richtige Maß kann natürlich auch einmal verloren gehen, aber ich finde es durch Hören auf meine innere Stimme und die Botschaft meines Körpers schnell wieder. Meine innere Stimme sagt mir, ob das Maß stimmt oder ob ich eine Korrektur vornehmen muss. Dieses Maß bestimmen nicht Gebote von außen, sondern die Gebote des eigenen Körpers und der eigenen Seele. An diese will ich mich halten und damit stellt sich nachweislich Erfolg ein. Langsame Trainingseinheiten und meditative Wanderungen eignen sich in besonderer Weise, die Wünsche meines Körpers und meiner Seele bewusst wahrzunehmen, um sie dann auch zu erfüllen. Bei langsamen Bewegungseinheiten nehme ich mir auch vor, mit meinem Urgrund ganz bewusst in Kontakt zu treten und mich mit ihm immer fester zu verbinden. Ein Lauf nach innen bedeutet ein Stück Heimat, ein Stück Geborgenheit und erbauliches Wohlbefinden.

Im Alltag gelten dieselben Regeln wie beim Sport. Ich muss hinterfragen, ob gewisse Dinge auf Dauer für mich gut sind oder nicht. Es tut gut, ab und zu darüber nachzudenken, wie mein Leben verläuft, ob mein Tagesplan und mein Zeitmanagement aktuell stimmig sind. Dazu muss ich manchmal über den Tellerrand hinausblicken. Mein Lebensplan soll mich in Richtung eines erfüllten Lebens führen. Die Entscheidungen treffe ich und kein anderer für mich.

Morgenrituale sorgen dafür, dass ich den Tag bewusst angehe und aus der Hand gebe, in die Hand des Schöpfers, der größer ist als alles Sein. Ich will nicht einfach planlos in den Tag hineinstolpern, sondern mich auf den neuen Tag vorbereiten mittels einer kurzen, aber intensiven Aufwärmphase, wie vor einem Wettkampf. Ich stimme mich auf den neuen Tag ein, der mich erwartet und der mir geschenkt ist. So kann ich leichter die bestmögliche Leistung, die ich zu bringen in der Lage bin, auch abrufen. Die erbrachte Leistung ist immer gut genug. Nach dem Tagwerk ziehe ich Bilanz über den vergangenen Tag.

Nach einem Laufwettbewerb gönne ich dem Körper eine schöpferische Pause, um sich zu erholen. Es ist auch interessant und wichtig ein Rennen zu analysieren. Ich greife auch zu Maßnahmen wie Saunagang und Massage, um die Regenerationszeit zu verkürzen und für den nächsten Wettbewerb wieder fit zu sein. Nach schnellen Trainingseinheiten oder Wettkämpfen nehme ich mir die Zeit, langsame Einheiten zu absolvieren. Das ist ein interessantes Wechselspiel. Es steigert die Freude und die Lust an der Bewegung und am Leben insgesamt.

Da ich gut mit mir selber umgehen kann, kann ich ein erbauliches Wohlbefinden entwickeln. So vermeide ich Stress und Wellness kann sich in mir ausbreiten. Ich mache mich nicht von anderen Menschen abhängig, weil ich weiß, was zu tun ist. Der Austausch mit anderen kann aber sehr wohl ein Ansporn sein und neue Wege eröffnen. Der Alltag fordert mich unterschiedlich stark und dementsprechend sind auch hier Regenerationsmaßnahmen zu setzen und Ruhezeiten einzuplanen. Der Tendenz in mir, sich gehen zu lassen, will ich konsequent entgegentreten.

Auch das ist eine Art des Fastens. Es geht im Leben niemals um Perfektionismus, sondern um die Kunst, die Freude am Leben zu lernen und zu erhalten. Der Weg zu einem solchen Leben führt wesentlich über die Ruhe, Stille und Erholung.

In der ersten biblischen Schöpfungserzählung (Gen 1,1-2,4a) ist von dieser Notwendigkeit die Rede. Es wird erzählt, dass zunächst die Lebensräume geschaffen werden, der Himmel, das Wasser, das Land und auf dem Land die Pflanzen. Dann werden in die verschiedenen Lebensräume die jeweils entsprechenden Tiere hineingestellt: Lufttiere, Wassertiere, Landtiere und schließlich der Mensch. Der Gipfelpunkt der Schöpfungsgeschichte ist aber nicht, wie lange behauptet wurde, der Mensch, der am sechsten Tag erschaffen wurde, sondern das Geschehen des siebten Tages. An diesem

Tag ruht Gott und die ganze Schöpfung mit ihm. Der Höhepunkt der Schöpfung ist also die Ruhe, das Aufatmen und Durchatmen des Schöpfers und seiner Geschöpfe.

Der Mensch kann nur in Zeiten der Ruhe Energie tanken, um leistungsfähig zu sein und zu bleiben. Ruhephasen sind unumgänglich, um eine gute Lebensqualität zu entwickeln. Ein ausgewogenes Verhältnis zwischen Bewegung, Aktivität und Erholung wäre anzustreben. Wer diese Balance sucht, fastet. Wer sie gefunden hat, darf sich beglückwünschen, denn er hat etwas Wesentliches gefunden.

Während ich bei diesem Lauf genau das richtige Maß für einen genussvollen Lauf gefunden habe, kann ich in der unberührten, stillen, staunenswerten Natur diese innere Haltung der Ehrfurcht bestens einüben. Ich trete mit Respekt vor allem zurück, das mir gegenübersteht. Diese Haltung bedeutet auch, dass ich mit dem, was mir von einem anderen anvertraut worden ist, behutsam umgehe. Das betrifft mich selbst als Mensch und das ganze Lebenshaus der Schöpfung. Sie betrachte ich als Leihgabe und mir anvertrautes Gut. Ich bin verantwortlich für mich selbst und mitverantwortlich für meine gesamte Mitwelt. Der Platz, an dem ich mich jeweils befinde, ist mir geschenkt und zugewiesen. Die Ehrfurcht im Umgang mit mir selbst und allem Geschaffenen sollte eigentlich eine Selbstverständlichkeit sein. Für mich als gläubigen Christen ist Ehrfurcht auch eine Haltung, die sich auf den Gottesdienst bezieht. Die Liturgie ist der erste Ort, an dem wir unserer Ehrfurcht Ausdruck geben und uns in sie einüben. Mein Leben soll ein Dienst für Gott, seine Schöpfung und deren Vollendung sein. Der Gottesdienst ist Symbol für mein alltägliches Leben, für den Vollzug meiner Existenz mitten in der Welt.

Schöpfungsspiritualität meint, dass ich mit derselben Ehrfurcht, mit der ich den sakramentalen Zeichen der Gegenwart Christi, also Brot und Wein, begegne, auch meinen Umgang mit allen irdischen Dingen erfüllen soll. Die eucharistischen Gaben sind Symbol für die ganze Schöpfung, für alles, was mir anvertraut ist.

Es ist für mich auch wesentlich zu lernen, mich in die Geschöpfe hinein-zuversetzen, ihre Möglichkeiten und Bedürfnisse wahrzunehmen. Das gilt bei der Pflege und Schonung von Pflanzen, ob im Haus, im Garten oder in der freien Natur, aber auch im Lebensbereich der Tiere und besonders der Menschen. Ich will ein immer besseres Gespür entwickeln, was mir und der Mitwelt guttut. Wenn ich mich in der Natur bewege, möchte ich mitfühlen mit der Schöpfung. Das bedeutet ein Mitfreuen an allem Schönen und Staunenswerten, aber auch Mitgefühl zu haben für die schwache Kreatur.

Es ist eine wichtige Aufgabe, die zerstörerische Macht und Gewalt zu ver-ringern. Beim Laufen kann ich ganz bewusst mit jedem Schritt gleichsam weglaufen von der Gewalt, hin zum inneren Frieden. Meinen Gedanken gebe ich eine positive Richtung und kann so die gewaltfreie Konflikt-lösung einüben. Ausdauersport kann das Aggressionspotential in einem Menschen minimieren oder sogar eliminieren. Solche Erfahrungen wirken befreiend.

Im Zuge meiner Bewegungseinheiten kann ich mich auch im Umgang mit meinen Grenzen einüben. Das trifft in erster Linie für Wettkämp-fe zu, aber auch für die richtige Dosierung des Trainings. Verletzungs- und krankheitsbedingte Zwangspausen sowie Niederlagen will ich posi-tiv nutzen und sie als Chance sehen. Manchmal werde ich auf eine Ge-duldsprobe gestellt. Diese will ich gut bestehen. Ich nehme sie als Bewäh-rungsprobe an.

Grenzerfahrungen will ich in erster Linie nicht als etwas Negatives, son-dern als Geschenk erfahren, als Möglichkeit die eigene Identität zu fin-den. Ich will mit dem Wunsch und Willen leben, in allen Dingen das rechte Maß zu finden. Es ist wichtig, Grenzen kennenzulernen, auszuloten und diese auch zu akzeptieren. In unserer Zeit, in der fast alles machbar und bezahlbar geworden ist, ist das eine sehr schwierige Aufgabe. Nicht leicht ist es beispielsweise, Kindern beizubringen, dass sie nicht alles haben können. Es ist wichtig, dass Kinder auch warten, sparen, verzichten und verlieren lernen, damit sie die Möglichkeit tiefer Freude über das, was ihnen geschenkt wird, intensiver wahrnehmen können. Über sportliche Betätigung sind diese Werte gut vermittelbar. Grenzen werden in unserer Zeit nach Kräften ignoriert. Dabei kennen wir die Grenzen unseres Kosmos und der weltweiten Menschengemeinschaft sehr genau. Mit Nachhaltigkeit sollen wir das Maß der Schöpfung entdecken und anerkennen. Wir müssen die Schöpfung so nutzen, dass auch unsere Kinder und Enkel noch eine lebenswerte Schöpfung vorfinden. Ignorieren wir diese Tatsache beständig, dann schlägt die Natur erbarmungslos zurück. Der Mensch hat nur scheinbar alles im Griff.

Der Sonntag, der wöchentliche Ruhetag, verdeutlicht, dass der Vorrang des wirtschaftlichen Nutzens eine klare Grenze hat, dass ihm nicht alles untergeordnet werden darf. Ein Sportler, der Ruhepausen im Ausblick auf den Erfolg nicht einhält, erleidet Schiffbruch. Das Immunsystem wird geschwächt und der Körper wird krankheitsanfällig.

Im Lauf der Jahrzehnte habe ich eine gute Balance zwischen körperlicher Anstrengung und Regenerationszeit gefunden. Das gibt mir Sicherheit und Vertrauen. Je älter ich werde, umso genauer muss ich in meinen Körper hineinhorchen und schöpferische Pausen einhalten.

Das Tempo habe ich heute so gewählt, dass ich zu jeder Zeit problemlos tief durchatmen kann. Die gute Frühlingsluft, die wärmenden Sonnenstrahlen, das körperliche Wohlbefinden und meine intensive Wahrnehmungsfähigkeit machen diesen Dauerlauf zu einem besonderen Erlebnis. Eine gewisse Müdigkeit ist nach knapp drei Stunden Laufzeit in meinen Körper eingekehrt. Bei meiner nächsten Trainingseinheit werde ich wieder mit deutlich höherem Tempo unterwegs sein. Wenn ich mich wohl fühle, schadet das meinem Körper keineswegs. Im Lauf der Jahre habe ich ihn gut kennengelernt und weiß, was ihm guttut. Auch der Geist und die Seele profitieren von dieser Erkenntnis.

. . . .

QUELLENANGABEN:

Anonymus [Jorge Luis Borges zugeschrieben]: Wenn ich mein Leben noch einmal leben könnte. O. J.
URL: http://herminemandl.wordpress.com/2008/06/18/j-l-borges-wenn-ich-mein-leben-noch-einmal-
leben-konnte/ [Stand 21.08.2011]

Anonymus: Was es bedeutet ARM zu sein. O. J.
URL: http://dbhp.twoday.net/stories/6016459/ [Stand 21.08.2011]

Deer, Lame: Weißt du, dass die Bäume reden? In: Recheis, Käthe / Bydlinski, Georg (Hrsg.):
Weißt du, dass die Bäume reden? Wien [u. a.]: Herder 1983. S. 10.

Die Bibel, Altes und Neues Testament. Einheitsübersetzung. Freiburg: Herder 1980.

Hofsümmer, Willi (Hrsg.): Kurzgeschichten 4. Mainz: Matthias-Grünewald 1991.

James, William. Zit. in: Murphy, Joseph: Das Erfolgsbuch. Berlin: Ullstein 2008. S. 58.

Müller, Franz N. / Prettenthaler, Monika [u. a.]: Lebensträume – Glaubensbuch 4
(Schulbuch Nr.: 115203). Wien [u. a.]: Herder 2004.

Murphy, Joseph: Das Erfolgsbuch. Berlin: Ullstein 2008.

Recheis, Käthe / Bydlinski, Georg (Hrsg.): Weißt du, dass die Bäume reden? Wien [u. a.]: Herder 1983.

Silesius, Angelus. Zit. in: Stutz, Pierre: Geborgen und frei. München: Kösel 2008. S. 48.

Steindl-Rast, David. Zit. in: Stutz, Pierre: Geborgen und frei. München: Kösel 2008. S. 25.

Stutz, Pierre: Geborgen und frei. München: Kösel 2008.

Thiele, Johannes: Wasser lehrt das rechte Leben. In: Hofsümmer, Willi (Hrsg.): Kurzgeschichten 4
(Nr. 190). Mainz: Matthias-Grünewald 1991. S. 159.

Willms, Wilhelm. Zit. in: Müller, Franz N. / Prettenthaler, Monika [u. a.]: Lebensträume – Glaubensbuch 4
(Schulbuch Nr.: 115203). Wien [u. a.]: Herder 2004. S. 17.

143

© 2011 Hans Quehenberger, Abtenau
Alle Rechte vorbehalten

AUFLAGE:
3.500 Exemplare, Herbst 2011

LEKTORAT:
Nadine Kube, [txt]werkstatt, Hamburg

KLAPPENTEXTE:
Nadine Kube, [txt]werkstatt, Hamburg

UMSCHLAGGESTALTUNG UND SATZ:
Christin Schneider, München

AUTORENFOTO:
Raimund Elsenwenger, Abtenau

FOTOS:
Raimund Elsenwenger, Abtenau (Seite 4, 8, 20, 30, 42, 54, 66, 94, 118, 130)
Maria Quehenberger, Abtenau (Seite 80, 108)

DRUCK UND BINDUNG:
Lacher Druck, Memmingen

ISBN 978-3-200-02365-9